如何打造顶尖理财顾问团队

THE MILLION-DOLLAR FINANCIAL ADVISOR TEAM

Best Practices from Top-Performing Teams

[美]大卫·马伦 著
David J. Mullen, Jr.

张大威 王莽 张一纬 余德曼 译

中信出版集团 | 北京

图书在版编目（CIP）数据

如何打造顶尖理财顾问团队 /（美）大卫·马伦著；张大威等译 . —北京：中信出版社，2022.4
书名原文：The Million-Dollar Financial Advisor Team: Best Practices from Top-Performing Teams
ISBN 978-7-5217-3404-1

I. ①如… II. ①大… ②张… III. ①金融－商业服务 IV. ① F830

中国版本图书馆 CIP 数据核字（2021）第 166110 号

THE MILLION-DOLLAR FINANCIAL ADVISOR TEAM: BEST PRACTICES FROM
TOP-PERFORMING TEAMS by DAVID J. MULLEN, JR.
Copyright © 2018 BY DAVID J. MULLEN, JR.
This edition arranged with HarperCollins Leadership through Big Apple Agency, Inc., Labuan, Malaysia.
Simplified Chinese edition copyright © CITIC Press Corporation
All rights reserved.
本书仅限中国大陆地区发行销售

如何打造顶尖理财顾问团队

著者：[美]大卫·马伦
译者：张大威　王莽　张一纬　余德曼
出版发行：中信出版集团股份有限公司
（北京市朝阳区惠新东街甲 4 号富盛大厦 2 座　邮编　100029）
承印者：北京诚信伟业印刷有限公司

开本：787mm×1092mm 1/16　　印张：15.5　　字数：198 千字
版次：2022 年 4 月第 1 版　　印次：2022 年 4 月第 1 次印刷
京权图字：01-2020-5521　　书号：ISBN 978-7-5217-3404-1
定价：79.00 元

版权所有·侵权必究
如有印刷、装订问题，本公司负责调换。
服务热线：400-600-8099
投稿邮箱：author@citicpub.com

感谢亲爱的家人始终给予我无私的爱与支持。感谢辛西娅（Cynthia）、南森（Nathan）、大卫（David）、约翰（John）与卡蒂（Katie）。感谢我的父母，已故的大卫先生（David Sr.）与露丝玛丽·马伦（Rosemary Mullen），他们不仅是出色的父母，也是我的老师，他们让我体会到了与他人分享知识的乐趣。

推荐序

财富管理已经成为当今金融机构业务转型升级的热门话题。相比于欧美国家，我国的财富管理仍具有广阔的增量市场发展空间。招商银行与贝恩公司发布的《2021中国私人财富报告：中国私人银行业，纳川成海》显示，截至2020年年末，中国个人持有的可投资资产总体规模达241万亿元，3年复合增长率为13%，资本市场产品（股票、公募基金、新三板和债券）的增长，3年复合增长率高达27%，显示出巨大的成长性。与此同时，高净值人群数量不断壮大，可投资资产增速要高于整体居民水平。截至2020年年末，可投资资产在1 000万元以上的中国高净值人群数量达到262万人，3年复合增长率为15%；人均持有可投资资产约3 209万元，共持有可投资资产84万亿元，3年复合增长率为17%。总体来看，居民可支配收入增加、资产配置结构由房地产投资转向金融资产投资、高净值人群崛起，将持续催生财富管理领域需求，为金融机构带来海量业务机会。

经过多年积累，我国金融机构发展财富管理业务已具备良好的基础，但经营方式仍呈现规模导向、粗放式增长等特征，在产品体系、投资顾问、综合化与定制化服务等多个领域的能力尚显薄弱，很难支撑日益增长的复杂、多元的财富管理需求。以银行理财子公司为例，

Wind 数据整理显示，截至 2022 年 1 月，20 家理财子公司累计销售产品 338 只，其中，313 只面向个人、机构和同业销售，仅 25 只针对私人银行客户。高端领域供给不足主要受到成本高、效率低下、分业经营等多重因素的影响，对后期业务扩量提质造成掣肘，导致本土金融机构难以对客户在管资产（AUM）进行有效积累与变现，更不利于与外资金融机构展开竞争。

因此，如何提供更加高质高效的财富管理服务是当前金融机构转型发展的核心任务。从需求的角度而言，财富管理的范畴广泛，涉及财富积累、财富保全以及财富传承等多个领域，横跨银行、证券、保险、信托、资管、法律、税务、房地产等多个行业，以及多币种多语言的跨境服务。在净值化转型和买方投顾业务试点发展推动下，刚性兑付被打破，居民已不再满足于单纯的理财投资，而是更加关注全球资产配置和风险管控，作为财富管理机构 AUM 与收入主要贡献群体的高净值人群则显得更为挑剔。依据《2021 中国私人财富报告：中国私人银行业，纳川成海》，高净值人群在财富管理领域不仅关注个人需求，还延伸到家庭、企业和社会层面，涵盖资产配置、高端生活、税务法律咨询、子女教育、代际传承、家风建设、企业投融资、并购增值、社会责任投资和慈善等。需求多元化更加考验金融机构的资源整合能力、专业化运作程度和成本效率管控。近期，部分大型商业银行开始下调或取消公募基金产品代销申购费率，在保证产品竞争力的同时，以客户为中心自主推进业务模式转型，实现由产品代销逐步向资产配置和综合服务切换，同时通过客户分层分群、构建开放平台、公私联动等形式补足产品和资产短板，提升服务质量，取得了良好的成效。

尽管如此，业务模式的切换和落地并非一朝一夕，需要金融机构在组织架构、产品服务、人员配置、团队建设、考核激励机制、流程运作、营销管理、风险管控以及技术应用等领域全方位的支持。在我国当前监管制度下，投资顾问或客户经理等专职财富管理业务的人员主要依托持牌机构进行展业。考虑到财富管理的复杂性、多样性、专业性，借助持牌机构资源渠道并以团队形式运作显得尤为重要，亦是降低成本、提升效率、增厚盈利水平的核心路径。目前，在财富管理尤其是私人银行领域相对领先的招商银行和平安银行均采取1+N的服务模式，即"1"是私人银行客户经理或金融顾问；"N"则是客户经理背后的专家智囊与支持团队，能够更好地覆盖高端客户的需要，增加高盈利客户的资产占比和收入贡献。在团队建设层面，金融机构有必要参考海外市场已积累的成熟经验，聚焦终端客户，以结果为导向，更好地规划运作流程和资源配置，全面提升业务能效和服务品质，确保财富管理发展战略最终能够落地生根。

《如何打造顶尖理财顾问团队》作为一本解决财富管理机构团队构建问题的工作手册，首先指明顾问以团队合作的形式开展工作要比顾问独自工作的效果更出色，其次就高绩效团队和低绩效团队差异寻求团队最佳实践，对构建愿景、角色与职责、绩效评估、薪酬、团队沟通、招聘、产品、市场营销、流程、领导力等方面进行深入探讨，内容翔实且对理财顾问团队运作的方方面面均提供了具体可操作的最佳实践清单。此外，这本书还选取了10个合作团队的实际案例来帮助读者加深理解和增强应用能力。

希望来自金融机构的相关从业者能够凭借此书汲取宝贵经验和有益的启发参考，紧抓市场红利，打造高效率的财富管理团队，在"投"与"顾"两方面均有所突破，帮助客户更好地实现财务目标，也为传统金融机构在中国财富管理业长坡厚雪的赛道中获得新的发展机遇。

刘锋
中国银河证券首席经济学家
国际金融理财标准委员会中国专家委员会原秘书长

推荐语

财富管理涵盖了投资理财和顾问服务两个维度，在我国是正在兴起的领域。投资理财端追求"大概率正确"，顾问端则致力于匹配客户需求、完善服务体验。从过去侧重产品的时代，到未来侧重服务的时代，顾问在转型过程中起着关键的承接作用。如何推动财富管理健康发展，打造成熟的理财顾问团队，大卫·马伦的《如何打造顶尖理财顾问团队》一书从基本理论到实操层面给予了完整的阐述，非常值得一读。

新华人寿保险股份有限公司原董事长兼首席执行官　万峰

理财顾问是发展财富管理业务的关键抓手。为了打造优秀的理财顾问团队，需要提高管理的标准化、流程化，加强对理财顾问的分层培养、有效赋能和激励。《如何打造顶尖理财顾问团队》跟踪优秀理财顾问团队的运作方式、组织形式，给出了"脚踏实地"的解决方案。

中信建投证券公司总经理　李格平

自2010年起，我着手组织和规划公司系统性地全面探索财富管理转型，深知转型之路艰辛，充满不确定性。为借鉴成功经验，曾带领团队数次到北美优秀投行、银行等财富管理机构参访学习，但这种形式直接参与人员毕竟只能是少数。今天，国内各类金融机构的财富管理转型需要全体团队的共同参与和热情投入，特别是基层团队的建设、运营和管理。在美林证券有着多年财富管理团队建设、领导和规划经验的大卫·马伦所著的《如何打造顶尖理财顾问团队》一书是一部具有高度实践性的著作，全面系统介绍了打造高效财富管理团队和运营的前沿理论与方法。我希望在中国财富管理道路上不断追求和探索的人们能够尽早读到它。

华西证券公司首席运营官　祖强

经历10多年的发展，我国财富管理行业由"以产品为中心"进入"以客户为中心"的新发展阶段，理财顾问不但要充分了解客户，还要具备金融、法律、税务等复合型专业知识，挑战很大，单打独斗已经很难满足客户综合化的财富管理需求；理财顾问采取"1+N"的团队化、专业化综合服务已成行业发展的必然趋势。《如何打造顶尖理财顾问团队》深入介绍美国同行的"最佳实践"，为我们提供了绝佳视角，既有理论，又具实操，为打造高绩效理财顾问团队提供了"指南针"，推荐一读。

平安银行总行私财事业部顶级私行业务总监　董宁

理财顾问的成长总是不断遇到瓶颈，这是一种必然。以团队形式开展业务能够不断突破瓶颈并提高效能，这是一种趋势。大卫·马伦的《如何打造顶尖理财顾问团队》一书，既包括自己的亲身实践，又总结提炼了顶尖团队的"最佳实践"，有案例、有方法、有样板，为理财顾问团队实现高水平运作提供了一套实操指南，是一部大师示范式的教科书。

北京市未名律师事务所主任、创始合伙人　于永超

理财顾问多以单打独斗的形象出现，毕竟是一线的业务人员，没有成群结队去客户那里的道理。但是每个顾问的能力和资源却是有限的，而客户又需要综合服务，这种矛盾在中国未来的金融服务业会越来越突出，那么理财顾问组建团队来服务客户自然就成为不二之选。在这方面，美国从业人员的实践给我们提供了非常好的样本。作者从理论到实践具有打造理财顾问团队的丰富经验，同时又深入研究并提炼出了顶尖团队的"最佳实践"，都凝结在《如何打造顶尖理财顾问团队》这本书中，值得一读。

特许私人财富管理师认证标准指导委员会秘书长　薛桢梁

资管新规之后，理财产品刚性兑付打破，全面走向标准化、净值化，对理财顾问的专业要求大大提升。财富管理是一项综合性极强的工作，除了金融投资，还需要法律、税务等专业技能，理财顾问由单打独斗走向团队合作是一种必然。国内谈投资理财的书很多，谈团队建设的书也很多，但是谈理财顾问团队建设的书很少。这本书详细介绍了美国同行的"最佳实践"，值得国内财富管理从业者借鉴参考。

智信资产管理研究院创始院长、西部证券独立董事　郑智

财富管理在中国的演进在加速，客户需求集中展开，产品全面净值化，财富管理的复杂度增加，理财顾问的执业模式向规范的咨询模式演进，理财顾问团队建设构成从业者和财富管理机构的基石能力。理财顾问团队建设不是传统意义的销售管理，而是需要更符合行业本质的组织和管理形态。他山之石，可以攻玉。《如何打造顶尖理财顾问团队》根据美国真实团队演进，给出美式解决方案，甚至给出解决方案的进化脉络，可参考性非常大。

北京牛投邦科技咨询有限公司（NewBanker）联合创始人兼首席运营官　贾贵

通过与大卫合作，我们团队内部的沟通与合作得到了极大的改善，团队的工作效率显著提高，业务也显著增长。

美林证券高级副总裁、财富管理顾问　泰勒·福尔曼（Tyler M. Forman）

大卫的团队成员都是专业人才。大卫·马伦总是走在时代前面。讨论如何开展工作时，他总能与大家取得共识。他教我如何适应并拥抱变化，这是他给我的礼物。

理财公司 Cardan Capital Partners 创始合伙人　罗斯·福克斯（Ross Fox）

和大卫·马伦的合作对我和我的团队来说都是非常宝贵的。从事财富管理22年，他的指导一直是我们持续增长和发展的关键驱动力。他丰富的经验、对"最佳实践"的理解，以及帮助我们的团队取得优异成绩的能力都是非凡的。

某领先国际财富管理公司理财顾问　大卫·尤瓦（David M. Uva）

我第一次与大卫·马伦合作是在20世纪80年代初，那时大卫刚开启他的教练生涯，而如今，大卫已经成为行业的全能型团队教练了。

瑞银金融服务公司高级副总裁，国际金融理财师（CFP）、特许管理会计师公会（CIMA）、特许退休规划顾问（CRPC）
道格拉斯·本菲尔德（Douglas A. Behnfield）

大卫拥有独特的行业经验，他在组建团队、发展团队和成功执行计划上有深刻研究。

美林证券财富管理顾问　哈古德·埃里森（J. Hagood Ellison Jr.）

目录

001	引言	
010	第 1 章	为何需要团队
014	第 2 章	组建高绩效团队
030	第 3 章	构建愿景
048	第 4 章	分配角色与职责
066	第 5 章	工作检视与绩效评估
075	第 6 章	团队薪酬
086	第 7 章	团队沟通
097	第 8 章	最佳招聘实践指南
111	第 9 章	产品：世界一流的服务
128	第 10 章	建立市场营销部门
160	第 11 章	建立流程
172	第 12 章	团队领导力
181	第 13 章	高绩效团队案例研究
219	附录 A	团队最佳实践检验清单
224	附录 B	流程差距分析表
226	后记	
227	致谢	

引言

金融服务业团队数量与日俱增。团队的发展始于20世纪90年代，在此之前，大多数理财顾问都是独立的从业人员。随着时间的推移，组建团队越来越受欢迎，到21世纪初，顾问团队开始爆发式地增长。如今，大多数理财顾问要么是团队的一部分，要么已有加入团队的意愿。许多专家指出，未来10年，80%的理财顾问都会以团队的形式开展工作。

毫无疑问，大多数理财顾问都由衷认为，以团队形式工作的效率比独立执业更高。然而，尽管有大量的研究指出理财顾问在团队中工作更有成效，但并不是所有的顾问都能找到加入团队的适当方式，也不是所有的团队都能高效运行。事实上，有许多理财顾问团队运作效能低下，从而导致团队中顾问的工作绩效比独立从业时还低。

本书将介绍尚未参与团队工作的理财顾问如何构建或加入一个团队。最重要的是，本书将协助理财顾问成功组建高效团队。本书的初衷是为理财顾问团队提供工作法则与行动方针，通过应用"团队最佳实践"（team best practices）充分发挥其潜力。

我的故事

1980年，我在美林证券（Merrill Lynch）担任理财顾问，开始了我作为独立理财顾问的职业生涯。接下来的两年，我打下了良好的业务基础，在同等经验水平的理财顾问中始终名列前茅。1982年，同在一个办公室的理财顾问好友鲍勃·沃尔特（Bob Wolter）提议与我合伙组建团队。尽管在1982年团队合作并不常见，但这个想法颇有意义，我也对此产生了兴趣。然而，当时我们的办公室或我们的地区没有其他的团队，实际上，我略有耳闻的也只有美林的几个团队。当时，我们的经理虽然质疑我们的想法，但他没有阻拦两个成功的、雄心勃勃的顾问去开展这项业务。

接下来的3年，作为团队的一员，我将自己的业务水平提高到了前所未有的高度。我跟我的合伙人都是拓荒者——没有指导、没有内部资源，也没有任何关于如何成功组建团队的书。但是，强烈的自我驱动力推动着我们成长、互信，我们对如何合作也保持着开放的心态。不知不觉中，我和我的合伙人总结出了"团队最佳实践"，这些规范共同构成了一支高水平团队的核心原则，它们都源于我们早期做出的5个决定。

我们做出的第一个重要决定是设定短期和长期目标，并制订实现这些目标的计划。

第二个重要的决定是每周开会讨论业务以及我们各自的工作重点。我们认为团队成员相互沟通、集思广益很重要。我一直觉得作为单独的从业者是"很寂寞的"，因此有一个值得尊重，有共同成长目标，并能分享想法的同事是十分珍贵的。我们会在周六花几个小时讨论我们的目标，并制订和完善实现目标的计划。

第三个决定是把我们的资源集中起来，然后投入业务中。我们购买了一台苹果（Apple）2E型电脑（1983年的价格是1 395美元，相当于现在的 15 000 美元），用来管理我们的客户及潜在客户。我们与经理商量，让他给我们的团队分配 1 名销售助理，由我们来支付其部分薪酬。

第四个决定是为每个成员分配具体的角色。我负责开发客户，鲍勃负责投资策略和投资组合构建。此外，我们共同负责联系客户。通过日常工作活动的分工，我们变得更富生产力以及更具效率。

第五个决定是我们相互管控各自负责的活动与结果。我们记录客户的数目、联系方式和约见时间与地点，以及新客户和新业务的情况。在每周的团队例会上，我们检视团队工作成果——认可团队每个成员的成绩，以及通过互相激励与支持，让对方更好地履行职责。

3 年后，我和鲍勃被提升到管理的职位上，我们的团队也就解散了。我被升为部门经理，在接下来的 35 年，作为一名管理者和专业导师，我与业内很多运作优良的团队开展了合作。

有趣的是，我发现相同的"团队最佳实践"被一次又一次地采用。我以前总结出的团队最佳实践已得到了补充和完善，但 37 年前使我的团队成功运作的核心原则依然是建立和维系高效团队的基础。

本书定位

本书可作为团队实现高水平运作的指南。高绩效团队和业绩比较差的团队的区别在于是否掌握与应用了"团队最佳实践"。本书是你的团队从业绩较差的现状转变为高绩效的一座桥梁。

作为一名管理者和专业导师，我与数百个团队一起工作过，他们大多是业内运作最佳的团队。通过对这些团队进行研究与观察，我最终提炼出了团队的最佳实践。这些实践是通过采访我所知的业内最优秀、运行十分高效的团队而总结出来的。我与这些团队共事过，毋庸置疑，它们的运作水平都是一流的。无论在什么样的情况下，这些团队都能携手共进，并以惊人的速度持续发展，团队收入在200万美元到1 800万美元之间。多数情况下，它们都是其公司中工作成效最显著、业绩最好的团队。它们分布在美国各地，东西海岸、东南部、中西部和落基山脉地区等。它们是各种类型公司的代表，包括经纪公司、地域性的公司和独立经营的公司。

我对团队负责人和不同的团队成员都进行了访谈。访谈的目的是深入观察与了解团队的运作方式、组织形式以及它们能长期保持高水平运作的原因。我就它们的"团队最佳实践"、对未来的看法以及它们获得的经验教训，提出了一些深入的、富有探究性的问题。这些团队还分享了许多趣闻逸事，我把它们都写到了书中。你可以学习这些团队"脚踏实地"的实践经验，看看它们如何贴切地反映你目前可能经历的情况。

遇见最佳实践团队

我从与我合作过的数百个团队中挑选了10个团队，在本书最后的"高绩效团队案例研究"一章中进行了介绍。其他章节中也介绍了其他团队的相关事迹。碰巧的是，我访谈的团队的资深合伙人都是男性，当然许多理财顾问团队也有女性资深合伙人，本书中的所有团队均有男性和女性成员。

（1）理查德的团队由4名顾问（包括他本人）和3名客户助理组成。在这4名顾问中，有3名成员承担了传统的理财顾问的职责，另1名是首席投资经理，拥有CFA（特许金融分析师）证书。他们共有150名客户，为他们带来了约500万美元的收入。

（2）迈克是他的团队的资深合伙人，团队还有其他4名成员。其中1名成员是客户助理，也是团队的首席运营官；另外3名成员是金融分析师，其中有2名拥有CFA证书，另1名正在努力考取该证书。

迈克团队的收入为 600 万美元。

（3）哈罗德是一名高级合伙人，与其他 6 名合伙人组成了一个团队，成员的从业经验在 7 年到 40 年之间。团队另有 3 名专职投资助理：401（k）（免税养老储蓄）专员、固定收益专员和客户经理（管理小额账户）。该团队还有 1 名首席投资分析师和 2 名协助他的助理。此外，团队还有 4 名高级客户助理，负责为团队的客户提供服务，他们被分配给团队中的 1 名或 2 名合伙人。该团队还配备了 2 名初级客户助理，负责协助高级客户助理，以及 2 名尚未获得合伙人资格的初级理财顾问——合伙人的资格取决于他们引进新资产的能力（这 2 名成员是该团队创始合伙人的儿子）。目前该团队的收入为 1 800 万美元，是该地区收入最高的团队。

（4）查尔斯和史蒂夫经营的是一个水平型团队，他们两位都是高级合伙人。团队有 3 名客户助理，1 名分析师和 1 名负责财务规划及代际规划的初级合伙人。这个团队的收入是 800 万美元。

（5）吉姆的团队最初是一个垂直型团队，但随着他的儿子小吉姆不断成长，成为团队资深合伙人后，现在该团队已发展成为一个水平型团队。目前共有 4 名理财顾问、2 名高级客户助理和 1 名初级客户助理。该团队管理的资产规模为 11 亿美元，收入为 500 万美元，共有 300 个客户。

（6）肯与他的初级合伙人迈克经营的是一个垂直型团队。迈克比肯年轻很多，是肯长期接班人计划重要的一部分。该团队管理的资产规模为 3.3 亿美元，收入为 300 万美元。该团队有 2 名高级客户助理：克里斯与肯共事 22 年，凯特在团队中工作了 13 年。该团队还有 1 名兼职的初级客户助理。

（7）亨利经营的是一个垂直型团队，各项业务都要通过亨利的指标考核，亨利聘用了汤姆并支付他相应的薪酬。他们有 1 名共事了 10 多年的高级客户助理。该团队目前有 85 个核心客户，管理 2.75 亿美元的资产,收入为 200 万美元。

(8)约翰经营的是一个垂直型团队,他是唯一的持股合伙人。他有 1 名初级合伙人和 1 名投资策略师,这名投资策略师同时也是几位客户的客户经理。该团队还有 1 名负责投资组合管理的分析师以及 1 名协助他的初级分析师。该团队有 5 名客户经理,负责服务指定的客户,有 2 名初级客户助理负责协助他们。此外,该团队还有 1 名全职的团队主管,他是约翰的办公室主任,负责团队运营的日常管理。约翰的团队收入为 1 500 万美元,业绩排名业内第三,也是业内最大的金融服务公司之一。

(9)尼尔森与 2 名初级合伙人经营的是一个垂直型团队。尼尔森将他的团队视作一个授权合作平台,鼓励其他理财顾问加入他的团队。除了 3 个核心的合伙人外,该团队还增加了 5 个符合团队经营模式的合伙人。加入这个收入 1 500 万美元等级的团队的一项荣誉是,可以成为在《巴伦周刊》(Barron's)及《财富》(Fortune)上排名前 400 的理财顾问团队的一员。该团队还有 4 名客户经理、5 名行政助理和 2 名财富管理策略师。尼尔森的执行助理同时也兼任着团队的运营主管。

(10)保罗认为律师事务所的组织架构非常适合金融服务行业,便根据律所的组织架构组建了他的团队。该团队由高级合伙人、初级合伙人、客户经理和客户助理组成,是一个水平型的团队,有 2 名高级合伙人、5 名客户经理和 3 名客户助理。保罗团队的业务收入为 450 万美元,管理着 6.2 亿美元的资产。

团队最佳实践

在本书中,你将学习如何有效地运用每个最佳实践,并从团队的案例中学习实战经验。虽然每个团队的工作方式和成员数量都不相同,但所有团队都以各种方式践行着这些最佳实践：

- **构建愿景**。最优秀的团队通常都会设想自己团队未来达到的高度，有一个关于团队未来的理想目标（愿景）。它们孜孜不倦地提升自己，挖掘自己所有的潜力。它们明白，如果团队未来发展的愿景可以激励团队成员，整个团队的运行会更加高效，因此它们在任何场合都会尽可能地传达这种愿景。但最高效的团队同时也意识到，只拥有和分享愿景是不够的，它们还必须制定业务规划来实现它们的愿景。没有规划的愿景只是白日梦，而有规划的愿景可将白日梦变成现实。你将会看到业务规划就像梦想中房屋的蓝图或建筑设计一样，发挥着巨大的作用。
- **角色与职责**。最高效的团队认为，当每个成员都有明确的角色和职责时，团队的功能才能最大限度地得以发挥。清晰的职责描述至关重要，没有明确的角色和职责，团队成员就不会对自己的表现负责，薪酬也会成为一个含糊的指标。
- **绩效评估**。最优秀的团队认为，角色和职责必须有可评估的成果。分配给每个成员的工作与目标都需要有明确的绩效评估和后续考核。当每个人都可以通过客观的绩效评估清楚地了解他们需要做到什么时，他们在工作中的表现才会更好。
- **薪酬**。最高效的团队认为，它们需要通过公平和慷慨的薪酬来留住最好的团队成员。让最高产的团队成员留在团队中，团队的运作才会更好。这些忠诚的团队成员会创造一个稳定、高效和士气高昂的工作氛围。将薪酬安排与团队角色、岗位职责、工作事项及目标完成情况的评估结果、定期考核相结合，对个人或团队来说都是最好的安排。
- **团队沟通**。频繁与持续的沟通是高绩效团队的重要特征。团队沟通可以深化团队愿景,并推动整个团队朝目标迈进。此外,团队沟通为团队成员提供了一个集思广益的场合,让团队成员就未来如何更好地发展建言献策,检验工作的完成情况。

- **招聘**。最优秀的团队认为,良好运行的团队中,每个成员都是重要的组成部分。它们十分重视新的团队成员的招聘,招聘流程完整且仔细。最优秀的团队清楚地知道自己招聘的需求,包括随着团队的发展需要什么样的角色。此外,它们认为为新员工制订培训计划与留住员工同样重要。
- **产品:世界一流的服务**。一个能给客户及潜在客户提供优质服务的团队才是优秀的团队。运作极佳的团队全力提供和发展能为客户带来持续价值的财富管理服务,这样它们就可以收取额外的费用。财富管理服务是团队基因的一部分,每个团队成员都要清楚地明白自己有提供最高水平服务的义务。团队必须通过价值主张将其产品(即财富管理服务)清晰地展示给客户和潜在客户。
- **市场营销**。最高效的团队应非常重视新客户及新(增量)资产的获取。与其他行业的成功企业一样,财富管理团队都具有营销功能,其职责是制定积极的市场营销(拓展)策略,以扩大团队的业务。
- **流程**。保持最高水平运作的团队都会为其业务打造相应的工作流程。它们必须了解,工作流程越详细,工作效率越高,工作成效就会越显著,业务规模也会越来越大。团队必须为其目标业务制定完整的流程,包括财富管理规划方案、客户服务细则、运营管理方法及市场营销方案。本书第 11 章提供的工作流程差距分析工具(process gap analysis tool),可以用来评估当前工作流程与目标流程的差距,以明确评估团队现阶段的工作流程是否有效。

- **领导力**。最成功的团队都具备强大和持续的领导力。团队领导者必须明确掌握执行领导力的基本原则。这些原则就是激励、维持和推动团队成员履行承诺、竭力工作的基本方法。需要明白的是，资历并非是选拔团队领导者的首要考虑因素，在很多情况下，年轻的团队成员比资历最深的合伙人更有资格成为团队领导者。

开启学习

我于1980年以新人的身份开始担任理财顾问，37年来，我们的行业发生了翻天覆地的变化，几乎各个方面都在向前发展。理财顾问的角色已经从"销售人员—客户经理"转变为值得信赖的理财顾问。如今的理财顾问不再专注于产品销售，而是提供理财建议，目的是指导客户达到他们的财务目标。团队合作更加注重以客户为中心，团队使理财顾问能够更好地开展工作，提高工作成效。让我们先来了解为什么需要组建优秀的团队吧。

第1章 为何需要团队

组织顾问乔恩·卡泽巴赫（Jon Katzenbach）对团队的定义是我见过的最精彩的描述之一，他把团队定义为："由一些在技能上互补的个人组成的群体，这个群体的成员具有共同的宗旨和绩效目标，每位成员都须对这个集体负责。"

团队是金融服务的未来，不少专家多次指明，顾问以团队合作的形式开展工作要比顾问独自工作的效果出色。数据咨询公司PriceMetrix最新的一项研究清晰地指出了团队的价值。研究表明，团队更能促进业务发展。团队合作有助于增强责任感，提高团队成员的纪律性。团队管理的资产比独立从业人员管理的资产多17%。实际上，客户比较喜欢让团队管理他们的资产，团队留存富裕客户的时间较长，能够管理更多的客户资产。这项研究还指出，团队中每个顾问的平均业绩要优于独自工作的顾问，其管理的资产多出11%，收入多出17%。

通过与多个行业顶尖团队的合作，我发现，对于一个期望且最终达到百万美元业务收入水平的理财顾问来说，采用团队工作方式有以下原因：

- **责任共担**。与其他任何人一样，理财顾问在对他人负责时表现得更好。一个高效的团队可通过分配角色及职责，制定绩效评估及薪酬标准来明确团队中每一个人的职责。个体从业者不可能将职责明确到这种程度。
- **观点分享**。为了实现共同的团队目标，一个团队中的理财顾问会就促进业务的发展与团队中的其他成员分享观点，制定策略。这样的分享方式也会应用到市场营销、投资组合管理、客户服务及改进团队的工作中。
- **资源整合**。整合团队资源对团队发展有积极的影响和重要的意义。投入团队管理、营销预算与客户服务中的资源越多，团队的产出就越多。
- **客户导向**。我看过的研究以及我的实践经验都证实了一件事，相对于独立的从业人员，客户更喜欢与团队合作，原因是团队有更透明的接班人计划，能提供更好的服务，具备更专业的知识。客户越满意，团队越能从客户那里获得更多的资产、更多的推荐、更多的业务，客户的留存率也越高。
- **接班人计划**。接班人计划让客户相信自己可以与团队保持长期稳定的业务关系，也让团队中的理财顾问在退出业务后，因曾服务过的客户仍可享有妥善的服务而感到放心，让合伙人在退休后仍可为企业创造价值。
- **专业化与分工**。团队由不同类型的成员组成，每个成员承担不同的职责，因此每个成员都可以专注于他们各自的专业领域。每一个理财顾问可以花更多的时间精准服务于少数更富裕的客户。专业化让他们有更多的时间去获客。分工可使理财顾问将更多的时间花在我所称的"三大任务"上：开发与推广财富管理流程与服务，联系最优质的客户，开发新的富裕客户。

- **客户对接**。给客户留下良好的印象是团队的一个重要理念。客户把了解自己的顾问团队接下来的计划视作一项权益。例如，知道即将开启的接班人计划，知道即使自己的理财顾问离职，也有人继续提供服务。组建新团队时，应该及时向客户介绍新团队成员，将团队权益分享给客户，这也是新团队需要优先做的事。

团队面临的典型挑战

协同效应是推动团队进行高水平运作的因素之一，两个或多个单位相互作用产生的联动效果大于其各部分加起来的总和。当团队成员凝心聚力促进业务发展，尽职尽责，各尽所能推动整个团队运作，整合资源吸引与留存优质员工，相互补位，团队成员间便产生了协同关系。

理财顾问的团队是协同效应的最佳范例之一：当两个或两个以上的顾问聚合在一起时，他们的工作效率会高于各自的效率之和。这种强大的协同能力是优质团队实现高水平运作的主要原因。

然而，协同效应的优势在一个功能失调的团队中可能会失效。缺乏协同效应会造成无秩序、混乱、内讧并会降低工作成效。团队可能因处理失调问题而浪费许多时间，损耗许多感情，就跟功能失调的婚姻一样。

以下是破坏协同效应的两个最常见因素：

1. 组建团队时缺乏规划。组建团队前没有进行应有的尽职调查而仓促成军，这会给团队的发展及壮大带来负面的影响。很多顾问认为，如果他们没有身在一个团队中便会错失良机，因此他们只是为了组建团队而组建团队。根据我的经验，很多团队之所以运行低效是因为在组建团队时没有花充足的时间准备。在某些方面，团队就像婚姻，虽然没有人会认为好的婚姻会幸福一辈子，但糟糕的婚姻一定不幸福。我们知道，50%的婚姻失败是因为功能失调，我认为理财顾问团队也是如此。

2. 个人价值观缺乏一致性。 团队功能失调的一个重大原因是团队成员的职业价值观和个人价值观不一致。正如大多数能够维持长久、成功婚姻的人会将其成功归功于拥有共同的价值观一样，理财顾问团队也是如此。共同的职业价值观包括投资理念、职业发展的决心、财富管理方法、长期目标、工作理念、职业道德、服务承诺、留存收益与再投资、目标客户、业务开展的基础设施、道德规范及信任。

顶级顾问团队都会保持一致的职业价值观。团体成员常见的价值观包括：

（1）把团队需求置于个人需求之前。
（2）致力于为客户和团队成员做该做的事。
（3）认可团队里的所有成员。
（4）大力奖励优秀和忠诚的团队成员。
（5）以客户为中心。

下一步

作为团队中的一员，一个与无数团队合作过的经理、专业导师和培训师，我可以肯定地说，团队合作意义重大，每一个理财顾问都应该积极考虑组建或加入一个团队。在下一章中，我们将学习创建强大团队的秘诀。

第 2 章　组建高绩效团队

与独自开展业务的理财顾问相比，成为高绩效团队中的一员是一个更佳的选择，但加入一个运行低效的团队却会适得其反。一个团队成功与否在于是否拥有合适的成员。从很多方面来看，这就像一桩婚姻，婚姻制度经受住了时间的考验，很少有人会质疑一桩美满婚姻的好处。然而，一桩美满婚姻的关键在于你与谁结婚，与错的人结婚比不结婚更糟糕。

一旦确定了人选，你就需要决定合适的团队结构。这个结构将会促进高绩效团队的组建。当我回想自己组建团队的经历时，最重要的因素是未来团队合伙人的性格和价值观。我相信他、认可他的价值观；我们的理想是一致的，我欣赏他、尊重他。无论我把组建团队的其他要素描述得多详尽，如果没有合适的团队成员，其他优势都毫无作用。

了解团队结构的差异

拥有了合适的成员，通常情况下，任何结构类型的团队都可以有效运行。垂直型团队结构简单，允许理财顾问控制和带领团队的方向。水平型团队可以创造强大的协同效应，但也可能会产生领导力问题。联盟型团队容易组建，允许团队成员独立，但必须妥善处理与共享资源相关的问题。全能型团队可以提供全面的解决方案，虽然结构更为复杂，但总体而言，其提供的产品和服务是最全面的。

垂直型团队

垂直型团队是围绕某个理财顾问构建的。通常情况下，这位理财顾问已是一位成功人士，他希望组建一个支持他的团队，让他更好地发挥优势，而他也可以将其他的任务分配给其他成员。垂直型团队最大的好处之一是理财顾问可以持有大部分的股权（通常是80%~100%）。然而，比起其他类型的团队，垂直型团队不能有效地获取团队成员"头脑风暴"的优势；此外，在接班人计划与专业化程度方面也存在一定的局限性。

我的朋友泰勒·格洛弗（Taylor Glover）成功运营的垂直型团队是最好的范例之一。泰勒在业务发展方面有着惊人的天赋，总是能与最优质的客户建立深厚而牢固的关系。意识到自己的才能后，他认为应组建一个团队协助自己，以便使自己的能力发挥到极致。虽然他已有一个很不错的客户助理，但他觉得远远不够。他需要一个能帮他管理业务的团队成员，于是他找到了阿特。泰勒负责监督团队，阿特负责处理团队的日常事务。阿特并不是个像泰勒那样成功的企业家，与优质客户也没有过深的交情，但他的组织能力很强，善于人际交往和沟通交流，也具备经营企业的经验，于是便承接了管理团队的工作。他优化了服务模式，管理团队的其他成员，确保投资策略和服务模式的实施，并担任泰勒许多客户的客户经理。

几年后，泰勒又聘请了另一名客户经理奥斯汀，阿特继续根据需要管理和为团队增添客户助理与行政助理。在泰勒和阿特合作的15年间，他们的业务增长了3倍，达到1 400万美元，泰勒当时是美林证券业绩最好的理财顾问。泰勒虽然持有100%的股权，但他付给阿特的薪酬非常可观。泰勒退休后，阿特成为团队最大的股权合伙人，带领团队取得了更大的成功。

垂直型团队可能包括以下角色：

- 合伙人。持有大部分股权。
- 理财规划师或投资助理。负责团队最优质客户的理财规划。
- 金融分析师。负责投资流程与投资策略。
- 客户经理。负责服务指定的、资产规模较小的客户。
- 团队主管。负责团队管理，由客户经理或初级合伙人兼任。
- 行政主管。处理团队管理和运营的相关事宜，为客户提供行政支持。

● 垂直型结构的优缺点

优点：

- 结构简单，易于管理。
- 不易产生冲突与误解。
- 领导层清晰。
- 薪酬方面的问题较少。

缺点：

- 缺乏头脑风暴和分享交流的机会。
- 接班人计划方面存在挑战。
- 专业化程度有限。
- 如果合伙人不再合作，可能会流失客户。

水平型团队

这种结构最适合价值取向上倾向于协作、反馈、集思广益和共同决策的理财顾问。我相信"人多力量大",我也相信团队的一大优势是有分享观点、获得反馈、共同决策和共同承担的机会——这些机会都是由忠诚和平等的团队伙伴共同提供的。团队伙伴们拥有不同的技能、专业背景和经验,可以优势互补,增强团队的实力。

虽然不是所有的水平型团队都将股权进行等额拆分,但任一合伙人不应持有压倒性的股权。每个合伙人的价值可能不仅体现在业绩上,在投资组合管理,或者其他方面承担的职责也同样有价值。重要的是,只有当团队中的每个成员都能为团队带来巨大的价值,发挥高绩效团队该有的核心协同作用时,水平型团队才能实现真正意义上的经济效益。在最优秀的水平型团队中,比起股权,团队成员更在意对团队的贡献。试想一下,一个持有50%股权的成员,却可为团队做出60%以上的贡献,这种贡献对于团队的良好运营以及每个合伙人在经济上的成功都是至关重要的,否则他们更适合在垂直型团队中工作。

领导水平型团队最成功的范例之一是罗斯与马特。罗斯开创了一项业务,并将其发展到收入近百万美元的水平,他聪明、勤奋、善于人际交往。马特则是一名资历相对较浅的顾问,他与罗斯在一个办公室共事,两人在日常生活中分享观点,开展一些非正式的合作。罗斯觉得马特"聪明绝顶",并且欣赏他取得了 CFA 的资质。罗斯认为他需要改善投资组合管理方面的策略,他相信马特的投资管理技巧与经验可以帮助自己提高业务水平,虽然马特当时也经营着规模较小的业务,但他们依然正式组建了团队。起初马特只持有小部分股权,但几年后罗斯慷慨地增加了马特的股权比例。如今他们差不多五五分成,经营着收入 500 万美元的业务。

罗斯继续担任前 50 名优质客户的主客户经理,监督团队的商务拓展活动。马特负责制定和监督团队的投资策略,管理核心投资模型。他们的团队认为,他们对客户最大的价值之一就是让马特担任投资组合经理。他管理的投资组合一直跑赢指数,为客户提供了丰厚的长期回报。客户可以直接咨询马特，团队认为这样做可以为他们带来巨大的竞争优势。

水平型团队的合伙人类型可能包括：

- 投资策略师。
- 善于业务拓展的专业人士。
- 善于全面规划的专业人士。
- 投资组合管理方面的专业人士。
- 资产管理方面的专业人士。
- 代际规划专家。
- 善于提供个性化服务的专业人士。
- 退休金计划方面的专业人士。
- 公司治理方面的专家。
- 退休收入方面的专家。

水平型团队非合伙人的角色可能包括：

- 投资助理。负责理财规划、服务客户或团队管理。
- 客户经理。负责资产规模较小的客户。
- 行政主管。为排名前 50 的客户提供行政支持。
- 客户助理。协助负责服务资产规模较小的客户。
- 运营助理。根据团队需求，处理管理和运营相关的事宜。

● 水平型结构的优缺点

优点：

- 分享观点，共同决策。
- 接班人计划。

- 专业化程度高，可以提供更丰富的产品。
- 增强团队实力。
- 合伙人退出时，也能更好地留存客户。

缺点：
- 做出比持有股权更多的贡献。
- 在股权分配方面可能存在分歧。
- 如果有性格方面的冲突，可能会比较容易产生误解。
- 团队需要更多的时间沟通交流与做出决策。
- 合伙人自主权相对较低。

联盟型团队

联盟型团队是由两个或两个以上经营自己业务的理财顾问，因市场营销和/或产品专业化的目的而开展合作的团队。联盟型团队共享行政资源，如助理、分析师、规划师等。它们并不合并资产，各自都会保留一定数量的理财顾问，客户可以根据项目的具体情况进行共享。

联盟型团队具备垂直型或水平型团队的优势和劣势（取决于它们的结构），除此之外，它们还必须努力避免因共享资源而引起的问题。如果共享资源能够支撑每个理财顾问的工作量，那么进行资源共享一定可以节约成本。团队需要就共享资源进行有效的沟通，如果理财顾问共享资源，还要达成明确的协议。

罗斯和皮特组成了典型的联盟型团队，他们的优势在于可以成功地为客户提供全权委托资产管理方案。皮特的团队在获取富裕的新客户方面已经炉火纯青，但是他们的投资流程有待优化。与罗斯合作，组建新的联盟型团队，使他们都能各展所长。皮特聘请了罗斯的团队为其客户提供资产管理。如果皮特认为罗斯的资产管理方案有助于他挖掘到高净值潜在客户，他们就会共同与潜在客户会面。在获取了这些新客户后，他们便将业务进行划分，皮特担任客户经理，罗斯担任资产管理人。

● 联盟型结构的优缺点

优点：

· 非正式的合作伙伴尝试合作，为建立稳定的团队奠定基础。
· 根据具体情况提供不同级别的专业服务。

缺点：

· 两个团队都不会完全致力于另一个团队的成功。
· 无接班人计划。

全能型团队

全能型团队融合了垂直型团队与水平型团队的特征，根据相关专业人士的经验水平与创收水平，要么选择倾向于垂直型结构，要么选择倾向于水平型结构。在这样的环境中感到如鱼得水的人少之又少，如果你想要的是某领域的资深专家，无论他未来将担任团队内部的合伙人还是团队外部的合作伙伴，难度系数都会更大。尽管如此，全能型团队的结构却越来越受欢迎。客户可以体验满足其所有金融服务需求的综合解决方案，而这种结构又能使每个团队成员术业有专攻，专注于自己的优势与专长。例如，高级理财顾问可以增加 1 名初级合伙人，而他是在财务规划或房地产规划方面非常专业的人。

迈克和布鲁斯开展的合作就是一个很好的全能型团队范例。迈克的财富管理业务非常成功，主要为客户提供基于目标的理财规划。然而，随着他的客户越来越富裕，他需要为客户提供更加完善的代际和风险管理方案。因此，迈克聘请了布鲁斯，他在保险和风险管理方面拥有丰富的经验。

全能型团队的内部合伙人包括：

- 理财规划师。
- 投资专家。
- 保险专家。
- 信托专家。

团队外部的合作伙伴包括：

- 律师。
- 注册会计师/会计师。
- 私人银行家。
- 商业银行家。
- 房屋贷款专家。

其他非合伙人的角色包括：

- 投资助理。负责协助理财规划、服务客户或团队管理。
- 客户经理。负责资产规模较小的客户。
- 行政主管。为排名前 50 的客户提供行政支持。
- 客户助理。协助负责服务资产规模较小的客户。
- 运营助理。根据团队需求，处理管理和运营相关的事宜。

● **全能型结构的优缺点**

优点：
- 为客户提供全面的解决方案
- 该模式专业性强，每个人都可以尽情发挥自己的专长
- 客户将团队视为全能的服务商
- 提供全面的解决方案，可增加客户黏性

缺点：
- 团队可能比较难以管理
- 寻找适合每一个职位的人可能会充满挑战
- 这种模式需要进一步协调分工、沟通与领导方式

尝试情境型团队

在正式决定加入情境型团队（situational team）前，情境型团队的潜在成员需要共同工作一段时间。

在情境型团队中，每个理财顾问会试着了解彼此，评估彼此的职业价值观，确定是否不用承诺建立全面的合作伙伴关系，他们也能欣赏和信任对方。试想一下，这就像在做出结婚的承诺前，尝试约会或同居一样。

情境型团队通常是在理财顾问引进新客户时慢慢建立起来的，但它也可能由理财顾问出于各种原因共享客户而开始组建。当一名理财顾问为潜在客户聘请另一名理财顾问，而这名理财顾问又拥有潜在客户所需的专业知识，经验更加丰富，可以将这名潜在客户转化为客户时，情境型团队也可能因此而组建。每个理财顾问都有机会在一起工作，在工作中观察对方，并评估组建团队的长期机会。

对于高级顾问来说，情境型团队是一种理想的组建方式，可以在不用做出重大承诺的情况下为团队增加初级合作伙伴。在这样的团队中，高级顾问愿意一起召开联席会议，帮助初级合伙人在拆分业务的同时也完成交易。这是一种双赢的方式，新顾问可以学习高级顾问的经验和专业知识，而高级顾问也有机会紧紧把握住初级顾问引进的客户。

另一种组建情境型团队的情形是，当一名高级合伙人认为某些客户的资产规模不再符合其团队最小账户规模的标准，他便会将业务与

某个初级理财顾问进行拆分，将这些客户分配给初级理财顾问。这也是另一种双赢的方式，一方面高级顾问可以将资产规模较小的客户分配给他信任的其他理财顾问；另一方面，接受客户的理财顾问也不用亲自去挖掘客户了。

家族型团队

将家族成员带入团队已成为一种普遍做法。对于任何企业来说，这样做的道理都是一样的：让信任的家族成员成为企业的一部分，最终接管企业。这种结构的团队存在的问题包括：明显的偏袒，角色与责任不明确，跨越私人与职业关系之间的界限。其他团队成员可能会对某个家族成员拥有快速通道、获得与之不相称的股权份额感到不满。这一问题的最佳解决方式是，担任高级别职位的亲属向即将加入团队的家族成员明确表示，他们必须通过努力工作、引进新业务，证明他们能顺利地与现有客户和其他成员开展合作，从而获得股权合伙人的角色。简言之，家族成员需要成为优秀的团队成员才能在团队中赢得一席之地。

尽管如此，家族型团队（family team）的好处可能远远不止安排接班人这一项，它的好处还包括以下几方面：

- 与亲人共事的乐趣。
- 信任的人带来的全新与独特的视角。
- 年轻一代带来的技术与技能。
- 增添专业资质，如 CFP（国际金融理财师）、CIMA（特许管理会计师）或 CFA 的机会。
- 能与需要代际规划的客户建立联系，并有效沟通。
- 提高团队专业知识水平的机会。

年长的亲属对家族成员能为团队带来贡献保持开放的态度是十分重要的。通常情况下，父母很难把孩子看作专业人士。然而，让其他团队成员看到这种专业上的尊重是必不可少的——它能让即将加入团队的家族成员对成为团队中重要的一员充满信心。新来的家族成员需要从一开始就被赋予明确的角色和责任。例如，他需要负责业务发展，担任小客户的客户经理，或负责财务规划部门的业务。为即将任职的家族成员指定角色和分配职责，可以让他们充分地展示自己的实力、责任心以及对团队的贡献。

在私人关系和职业关系之间设定界限也是一种很好的做法。通常，家族型团队只在下班后才能进行私人谈话，在工作中也不会把父母或亲戚称为妈妈、爸爸、叔叔等。

加入或合并现有团队

邀请独立的从业人员或其他团队与自己的团队进行合并，也是组建团队的常见做法。进行合并的原因有很多，但据我所知，我的潜在团队成员通常都会面临一个问题——如何让各方都能在经济上获益。

最常见的薪酬方案是，每个团队成员（或独立的从业人员）根据他们在合并后的团队中持有的份额来确定他们当前的股权分配。例如，一个规模较大的团队邀请乔加入他们，乔经营着收入为 100 万美元的业务，而邀请乔的团队经营着收入为 200 万美元的业务，那么合并后的总收入是 300 万美元，乔的份额在总份额中占 33%，而剩下的份额将作为团队其他合伙人领取报酬的基础。

尽管如此，一旦成立新的团队，份额也会随之改变。如果乔比其他团队成员年轻，团队成员又把他视作团队未来的接班人之一，那他以后将肩负更多团队发展的责任。最后，他将负责合并的团队 50%

的增长任务。在此示例中，如果团队的收入从 300 万美元增长到 400 万美元，乔的份额将是根据之前 300 万美元的 33%，加上增长的 100 万美元的 50%（一共 150 万美元）。如果业务持续增长，他的份额将接近 40%。

这种股权分配的方式激励乔加入团队，并参与到促进整个团队业务增长的活动中。而团队的其他合伙人也会受益，虽然他们的份额相对较少，但比起自己独立经营业务，他们的总收入增长得更快（因为乔的投入促进了业务的增长）。此外，他们也将从接班人计划中获益。

这只是合并团队股权分配的一个案例，它反映了一个发展到瓶颈，因此需要接班人计划的资深团队，采取增长性（添加合伙人）策略的重要性。

接班人计划

组建一个新团队时，也需要建立一个新的接班人计划。接班人计划是在假设团队取得成功的情况下，为确保团队能够持续运行而制定的有序的战略。它不同于合作协议和解散程序（我们将在下一节讨论）。

本书第 3 章将介绍团队的后勤工作，并将详细介绍全面的接班人计划的制订流程。接班人计划的细节并不一定要在团队组建的阶段就制定；组建阶段只需要确定接班人计划是什么，谁将是接班人计划的一部分。在某些情况下，组建团队的目的只是为了实施有序的接班人计划；它是新的理财顾问合伙人加入团队，或是合并现有团队的重要原因。对于初级合伙人来说，知道他们将在接班人计划中扮演什么角色非常重要，这既是他们加入团队的动力，也激励他们承诺为团队做出长期的贡献。

合伙协议与解散程序

进入新团队后,每名理财顾问都应该抱有乐观的态度,并努力保证新组建的团队能成功运营。婚姻依然是一个很好的类比——哪一对新婚夫妇不相信他们的婚姻会持续一生?然而,与婚姻一样,世事难料。通常情况下,团队会尽量解决分歧、冲突和挑战,但有时依然无法成功解决。每位理财顾问合伙人的价值观越一致,团队内破坏交易的问题就越不可能发生。在组建团队的评估阶段,确保这一点尤为重要。

理财顾问加入新团队应该抱最好的心态、做最坏的打算。无论面临什么样的情况,合伙协议,包括解散程序都应该在组建团队前确立,所有的合伙人都必须签字,而且每年都必须进行审查。合伙协议必须包括如果无法解决问题或团队运营未达到预期,团队决定解散时的应对策略。这些策略可能包括客户分配、团队成员跟随哪个合伙人、是否有共同服务的客户等。大多数公司都有标准的合伙协议,它可以让公司在经历该过程时更加轻松。

从零开始组建高绩效团队

从独立的从业者到组建新的团队,影响深远,需要承担重大的义务,因此必须非常慎重。将团队最佳实践应用到新组建的团队,或许会极大地优化团队的运行。

以下是对应用到新建团队中的最佳实践的简短概述。后续各章将深入介绍这些最佳实践。新组建的团队的需求不同于已建立的团队,这里的内容将指导你了解团队组建阶段的关键要素。

- **团队愿景。** 新组建的团队需要制定一个"团队愿景",描述团队的长期目标、想要达到的高度、理想的客户类型、希望获得的声誉以及希望参与的理想业务。一旦建立了宏观的愿景，就需要制定一个3~5年的业务规划来支撑团队愿景。这个业务规划是建立团队成员梦想之屋的蓝图或建筑设计图。愿景和业务规划可以在正式组建新团队之前就制定，这样可以使潜在的团队成员有机会提前了解未来团队伙伴的价值观是否一致。它也让每个人有机会看到他人的付出，每名成员是如何为实现愿景和业务规划而做出贡献的。

- **角色和职责**。为了避免可能出现的团队角色重叠的情况，新组建的团队需要明确未来团队成员的角色和职责。我建议制作一个由现有合伙人、初级合伙人、专家（投资和规划方面）、客户经理、行政主管和助理组成的组织架构图，这个组织架构图也可以包括未来的团队成员。创建组织架构图应该在团队正式成立之前完成。

- **招聘与绩效评估**。如果没有一个与薪酬直接挂钩的绩效评估方案，那么团队角色和职责便毫无意义。我相信，每个角色的职责、所承担的责任都需要好好安排。建立一个良好的绩效评估和考核流程需要一定的时间，但这对于一个高效运行的团队至关重要。团队成立后，应该立即执行绩效评估和考核方案。合伙人需要为每个团队成员（包括他们自己）进行半年度的绩效评估。

- **薪酬**。根据团队成员的表现发放薪酬对于驱动团队成员好好工作、留住表现最好的成员、激励团队成员付出超出自己薪酬的努力十分关键。在组建团队的过程中，理财顾问合伙人需要一致同意薪酬的预算安排。这也是确保合伙人价值观一致的重要一环。这样做他们也会愿意投资于自己的业务，确保他们拥有忠诚、业绩良好和甘于奉献的员工。薪酬预算应该在团队组建前完成。合伙人承诺进行年度合伙人审查也十分重要，进行审查时，如果有必要，可以调整每个合伙人的股权分配。最高效的团队始终会对奖励贡献最大的合伙人持开放态度，否则，就不能激励业绩最好的人才留在团队中。初级合伙人做出的贡献突破了团队定下的最低标准，那么给他们分配更多的股权是留住他们的好方法。

- **沟通**。新组建的团队应该重视正式的团队沟通。保证团队沟通是一个核心的职业价值观。在组建团队前，需要跟团队的所有理财顾问合伙人分享这个价值观。

- **流程**。行业内最高效的团队都是严格遵循流程的。在团队的组建阶段，合伙人需要概述基本的流程，接下来需要评估每个合伙人为新团队带来的流程。接着，团队需要对这些流程的有效性进行阶段性的评估。我建议在团队组建前先对已有的流程进行评估，这样团队建立后就可以实施这些流程了。

- **领导力**。建立一个高效的团队，强大的团队领导力是必不可少的。随着团队的组建，应该确定谁是团队的领导者，并明确他的职责与薪酬（对团队领导者来说，最常见的薪酬是增加他的股权份额，以奖励他作为一名优秀的团队领导者所付出的时间和精力，增加的股权份额不用太多，但要足以让他觉得担任团队领导者是物有所值的）。在垂直型的团队结构中，团队领导者通常都不是高级合伙人。然而，一个强大的团队领导者并不一定无所不能，精通所有合伙人都拥有的技能。需要注意的是，资历不一定是挑选团队领导者最重要的考量因素，我见过许多年轻的团队成员比资历最深的合伙人更有资格成为团队领导者的情况。

● 宣告团队成立

告知团队的客户新团队成立是宣告团队成立最好的方式之一。团队应该制作正式的公告，并通过电子邮件发给客户。理财顾问还应该一一打电话告知自己负责的最优质的客户，与他们分享动态，简单地告诉他们团队的优势，并介绍新的团队成员。

举办启动活动是另一种最佳方式，在活动中可邀请最优质的客户与新团队见面。

下一步

在下一章中，我们将学习第一个最佳团队实践：创建和维护愿景，以及如何制定全面的业务规划，用最好的方式实现愿景。

第 3 章　构建愿景

知名作家麦克斯威尔·马尔茨（Maxwell Maltz）曾在《心理控制术》（*Psycho Cybernetics*）一书中指出，人生最大的成就源自每一个重要目标的达成。毫无疑问，远大的目标和清晰的愿景激励着人们努力实现它。无论在哪个行业，能力最强的人都坚持不懈地朝目标前进，同时为结果负责。

为团队成员构建清晰的愿景，从而达成共同的目标，是团队的最佳实践之一。摩实会计师事务所（Moss Adams）对世界排名前 15 的会计师事务所和咨询公司的研究指出：目标清晰的管理层可为团队带来 24% 的额外产出。

清晰的团队愿景是创造一个高产能且可全情投入的工作环境不可或缺的前提。构建愿景和实现重要目标具有重要意义，它为日常烦琐的工作增添动力，激励人们向更高远的目标前进。它也驱使团队成员完成日常工作，同时建立彼此间的工作逻辑。团队成员必须知道日常的任务与战略规划的关联。

《设计研究》（*Design Study*）期刊在 2014 年组织的"理财顾问洞察"（FA Insights）调研结果惊人地显示，不管是否在团队里工作，只有 17% 的理财顾问会制定战略规划。调查结果中最出人意料的是，多数理财顾问都是先给客户制定财务规划,然后再为客户做投资,但大多数理财顾问根本不会为自己制定业务规划。事实上,多数理财顾问擅长规划客户的未来,而不是自己的未来。

在我们的行业中,最高效的团队都深刻地认识到,为成员制定可实现的远大目标和愿景非常重要。团队的目标和愿景须传达给每个团队成员,并定期加以重述。这样做可以让团队成员知道领导者想把团队带往何处,并做好实现目标的准备。如果没有清晰的愿景,个体成员只是在做一系列不具任何意义或目的的任务而已。

与设定远大目标和构建愿景一样重要的是,始终如一地对当前所取得的进展负责。如果没有责任感,设定目标和构建愿景对团队士气和效率的提升毫无作用。换言之,一切都将事与愿违。

愿景的构建

构建团队愿景的第一步是明确中期要达成的目标。我在指导理财顾问时,一般把中期的时长设定为5年。这些目标通常包括业务贡献(收入)、投资总额(客户资产)、富裕客户数,以及潜在客户数。我所交流过的团队经常在这些基础目标上再添加某些其他目标。有些最佳实践团队将个人生活质量也纳入愿景当中,比如要有更多的假期、公休假或周中休息。他们认为生活和工作之间的平衡是至关重要的,愿景需要围绕这两者去建立。

最佳实践团队纳入愿景的一些常见目标包括:

(1)新增富裕客户。
(2)新增资产。
(3)富裕客户总数。
(4)理想型客户和这类客户数量的下限。

（5）忠诚客户的服务模式。

（6）理想的业务前景。

（7）潜在富裕客户数。

（8）价值主张。

（9）理想的财富管理产品与服务。

（10）用于支撑业务实践的基础设施。

（11）客户关系数量和平均资产规模。

（12）专业水准。

（13）声誉。

（14）社会责任及社会贡献。

（15）团队成员的数量和他们未来的角色。

● **在组建团队前设定愿景及业务规划**

对许多考虑建设或加入团队的顾问而言，正式组建新团队前最好先明确团队的愿景和业务规划。这样一来，潜在的新成员可以了解自己跟新团队在价值观上的一致性，同时潜在的团队成员可以获得彼此互相了解的机会，以及每个成员将如何为团队的愿景和业务规划做出贡献。

我们也会关注那些与众不同的目标——我们多久能跟客户一起滑一次雪、钓一次鱼或打一次高尔夫？有多少个周五可以休假而不用上班？一周中有多少天需要工作到晚上6点？所以，我们不仅关注业务指标，还关注工作的压力水平和与客户相处的时间。

——查尔斯与史蒂夫

构建愿景，从业务规划开始

业务规划将愿景转化为现实，描绘出团队愿景实现的路径。如果愿景是你的梦想之屋，那么业务规划就是建造房屋的指南。

当我刚开始从事专业指导时，第一次领悟到业务规划的力量。2007年，我从美林证券退休，准备创办一种理财顾问的培训业务。我在25年前聘请的一位理财顾问后来创办了一家非常成功的公司，他主动联系我，并邀请我指导他如何带好自己的团队。我在创办培训公司时，原先设想的业务是培训理财顾问团队，而不是做个人咨询服务。但我仍接受了这位朋友的邀请，因为我认为那是一种公益工作。可是后来他却坚持支付报酬，因此压力来了，我必须正式增加规划一项理财顾问咨询服务，而之前我并不打算提供这项服务。

我认为最适当的学习指导应该和最好的理财顾问为客户工作的方式相匹配。第一步是深入讨论他们的团队现在所处的境地、未来的目标和优先事项是什么。基于这些，我制定了一个业务规划来指导他们实现团队目标。业务规划制定完毕后，我会每月指导理财顾问，帮助他们推进业务规划以实现团队的目标，而且首先关注最高优先级的目标。总之，为理财顾问制定业务规划，与理财顾问为客户制定财务规划是相同的事情。

从那以后，我在我的公司高度学习公司（Altius Learning）使用同样的方法指导了数百位理财顾问。我认为理财顾问团队能做的最有成效的事情之一，就是制定一个业务规划并执行它。业务规划的制定和执行是一个强大的工具，团队可以利用它来掌握业务的主动权。坚持做对的事情，就会带来对的结果。

我的经验被有关于团队建设的研究成果所验证。咨询公司CEG的研究显示，73%的最佳理财顾问团队都制定了合理的业务规划。然而，FPA（理财规划协会）最近的一项问卷调查显示，仅有不到33%的受访团队制定了书面的规划。此外，调查还发现，只有13%的受访理财顾问认为他们能够掌控自己的时间，并且将成功掌控时间归因于业务规划的制定。

FPA的调查还要求理财顾问团队列出5个促进其产能增加的重要因素。统计结果显示，"制定一个书面的业务规划，并用它来建立一个书面的业务战略，来说明团队在未来2年、5年和10年内需要实现的目标"这个选项的得票数量居于所有选项的第二位。

制定业务规划

业务规划的制定和执行，是团队沟通、团队角色与岗位职责的核心内容。业务规划是团队会议的重要议程之一，团队负责人用它来明确对每个成员的期望。总之，业务规划定义了团队现在所处的情境、团队未来要达成的目标、如何实现目标，以及每个成员在实现团队愿景的过程中需扮演的角色。

一个业务规划未必一定要做到详尽或正式，它可以只是一个团队的行动大纲、行动步骤的优先次序。当我与各团队一起制定它们的业务规划时，第一步就是诊断其当前所处的境况。大多数理财顾问都会赞同这一步骤，非常类似于他们与新客户打交道时的破冰阶段，这是基础。团队应该对当前的境况予以诊断并打分，然后针对每个被诊断和分析的领域，依其在团队愿景中的重要性进行排序。客观地评估团队的优势和不足后，就可以制定具体的行动步骤来实现团队愿景中所列的目标。之后，将具体的行动步骤分配给不同的成员，并且制定可量化的标准，确保其完成。最后，整个团队一起沟通这一流程。每个人都应该知道各领域行动步骤的进展和结果，因为这关乎团队总目标的实现。诊断、制定行动步骤、确定优先次序、分配给团队成员、评估和沟通进展，这样一套简单的流程，是业务规划的基本范式。

我们不会单独检验每个月的业绩，而是关注每个季度的进展，我们的目标是持续不断的业绩增长。

——查尔斯与史蒂夫

业务规划的最佳实践分析

本书旨在为你提供业务规划中的实际行动步骤，这些步骤都是团队实践所需。本书的每一章都完整阐述了执行这些最佳实践步骤的指南。通过确定团队中需要改进的领域，你可以直接跳到目标章节，以获得改进这一领域所需的全部行动步骤。

这就是本章和本书余下部分的目的——为你提供你所需要的一切准备工作清单，从而将团队训练成高效运作的最佳实践团队。

让我们开始用下面的方案来诊断你现有的团队吧。从团队的优势切入，然后对照最佳实践的每个部分，你将会清晰地看到团队需要改进的领域。

- **团队愿景**。每个团队在愿景和业务规划中都应该涵盖以下4个目标：业务增长、客户资产增长、富裕家庭数量的增长和潜在获客渠道的拓展。能否成功实现这些目标，决定了团队产出的增长率。其他目标也很重要，但上述目标是不可或缺的。团队接下来应该确定以下内容：我们是否设定了目标（包括4个基本目标），是否能够对它们加以评估，是否将责任分配下去，是否就结果进行了沟通。

- **角色与职责**。业务规划必须明确列出团队的基础部门。这些部门应该包括团队的产品、服务和营销。最佳实践团队应为每一团队成员分配特定的角色，这些角色必须综合担负基础部门的所有工作，而角色与职责必须编入团队的行动方案和目标中。要设立一个监控岗位，来评估分配给每个成员的任务的完成情况，这是绩效评估和薪酬设计的基础。最后，组织团队至关重要，它能让合伙人或领导者将精力集中在基础的活动中：开发和实施团队的财富管理流程（财富管理方案）、联系富裕客户（服务）和进行业务拓展（营销）。除此之外的其他事务都应该分配给团队中的其他成员。
- **绩效**。制定愿景和业务规划的核心是要明确定义优秀的、可接受的和不可接受的绩效水平之间的差异。在分配目标给团队成员时，应该重点关注3~5个目标，最多不超过5个，并且依据这些目标给成员发放薪酬。最佳实践团队每半年对成员进行一次评估，并以此作为年中和年底评估的主要参考。
- **团队沟通**。团队沟通的最佳实践包括每天一个简短会议（10~15分钟）以检视战术问题，每周小组会议（一个小时），聚焦重要但非紧急的战术问题，每半年会议关注团队需要提升的战略领域（半天）。最佳实践团队为每周和每半年的会议设计既定模板，并指派一名团队成员主持每周的会议（主持工作通常在团队成员之间轮值）。

　　另一个团队沟通的最佳实践是在团队会议之前了解当前工作进展，并将其纳入会议议程中。我建议指派一名团队成员做会议记录，并在会议结束后将总结与所有团队成员分享。总结应该包含行动事项、任务完成的时间进度，以及分配给团队成员的职责。

- **团队薪酬**。团队需要在业务规划中概述薪酬策略。最佳实践团队基于可控制的结果和活动制订薪酬计划。它们给予忠诚的高绩效员工优厚的待遇，始终按照行业前25%的收入水平支付给员工薪酬。基于这样的指导方案，顶级理财顾问会将他收入的7.5%~15%补贴给团队。非创收成员的薪酬结构包括基本工资、个人绩效奖金和团队绩效奖金。

  最佳实践团队除了为有杰出贡献的个体成员提供酬劳外，也会想方设法让他们感觉到被重视，进行表彰是一种强大的驱动力。最后，召开年度合伙人薪酬会也属于一个团队的最佳实践，团队在会议上检视合伙人的任务分摊、费用池，并更新接班人计划。

- **招聘**。想培养出一个高效运转的团队，你必须要制订一个发现、招聘和培训新成员的方案，这一方案需要在业务规划中进行概述。最佳实践团队通常用90天的试用期来观察新成员的表现和态度，如果新成员没有达到预期，他们可能会被解雇。团队应该每年对人员数量的增长进行评估，并在需要招聘新的理财顾问、行政员工或客户经理时进行决策。值得一提的经验是，每个合伙人都应该经常检视新聘成员日常工作中的非核心部分，并将那些非核心工作分配给其他团队成员。

- **服务**。最佳实践团队需提供对富裕人群极具吸引力的一流财富管理服务。团队必须花费时间和精力制定持续的、可复制执行的流程，通过不断改进服务，在竞争中脱颖而出，吸引更多的富裕人群成为团队的客户。团队必须能够清楚地阐述他们服务的差异化，此外，面向客户的价值主张与发展出一流的服务同样重要。

- **市场营销**。是否存在积极而持续的业务拓展战略可以使团队吸引到更多的资产和新的富裕客户？最佳获客团队采用7种核心策略：积极的客户转介绍、开发专业的转介绍网络、事件营销、开发细分市场、将富裕的熟人转化为潜在客户的转换策略、获取同业客户资产、开发和管理潜在客户。
- **流程**。最佳实践团队应以业务流程为基础安排团队业务的执行。他们确信，拥有高质量、前后一致及可重复的执行流程，将极大地提升团队的运营和活动的生产力。其中一种最佳实践是按照部门来制定流程，一个团队应该设置的部门包括财富管理（产品）、服务、营销和人力资源部门。目前，我们建议团队首先对每个部门的现状进行检视，以决定是否需要改进。找到团队中必要却又缺少的流程，然后将改进和开发新流程的任务分配下去。60天后，应对改进或新增的流程进行检视。
- **领导力**。拥有强大的领导力对于高效运作团队来说是至关重要的。团队必须要选拔出一位领导者。这位领导者需要具备7个重要的特质：清晰的招聘与培训实践经验、责任感、诚信、构建愿景、具有公信力、能有效沟通，以及成为一个好的决策者。

我们的业务规划就像一个剧本，今年和去年、前年、大前年执行的内容是大体一致的，我们一直在修改，但总的来说，它很完美。

——查尔斯与史蒂夫

团队业务分析

团队还应该对许多与团队实践无关的其他领域进行评估。以下列举一些具有代表性的领域，你可以此为例来诊断和评估你的团队。

- **业务基础**。团队是否已确定了每个成员可以有效服务的客户或家庭的数量？如果团队的客户太多，是否制定了合理的"放弃规则"？团队是否已经对家庭客户资源进行区分，并将资产规模较小的家庭分配给客户经理？

- **业务效率**。团队是否构建了一个完整的方案来获取核心富裕客户的全部钱包份额（wallet share）？钱包份额包括外部资产以及为满足客户金融服务需求的所有资产——包括资产保护、代际规划和负债管理。
- **委托账户定价**。团队是否尽力推广委托账户，且已制定定价提升策略？这些策略的目的是把自主交易型客户转化为基于管理费的委托账户。
- **专业提升**。每一团队成员都有提升自身技能的计划吗？比如获得 CFP 或 CIMA 认证、培养细分领域的专业技能、建立应用管理学书单列表、加入同业互助小组、向同事学习，或者取得专业岗位资质（非合伙人）。
- **预算**。团队需要建立预算，以确定拿出收入中多少资金投入业务中（留存收益），例如用于营销和差旅、聘请新成员、团队成员薪酬和奖励。
- **服务模式**。对于一个努力成长的高效运作团队来说，一流的服务是至关重要的。团队需要建立和维护服务模式，为团队的最佳客户提供卓越的服务。服务模式中需要涵盖与客户联系的频率、惊喜时刻（Wow moments）、投资者教育、客户参与度和深入的客户分析。
- **时间管理**。要成为高效运作的团队，合伙人必须建立并遵循已验证的时间管理规范，包括授权、优先排序和时间段划分。团队中的合伙人要努力将 50% 以上的时间花在联系最重要的前 50 位客户和业务拓展活动上。

用于检视当前团队实践的业务分析清单

- 业务基础
  - ☐ 确定有效家庭资源数量。
  - ☐ 有对客户进行细分的需求吗?
  - ☐ 可执行的放弃规则是什么?
- 业务效率
  - ☐ 你认为工作效率高吗?
  - ☐ 制定获得富裕客户全部钱包份额的策略。
  - ☐ 为客户设定资产和年度业务的最低限额。
- 委托账户定价
  - ☐ 你的业务收入中有多大比例是基于管理费的?
  - ☐ 设定今年的收费目标。
  - ☐ 创建一个将交易型客户转换为委托管理型客户的策略。
- 业务拓展策略
  - ☐ 确定如何将业务拓展战略纳入你的日常计划。
- 专业提升
  - ☐ 作为一名理财顾问,你打算如何深入学习专业知识?
  - ☐ 你有取得专业资质的计划吗?
- 预算
  - ☐ 确定留存收益的金额,支持业务增长。
  - ☐ 确定收入来源,满足你对制定预算的需求(例如公司、当地分支机构、战略合伙人)。你希望收到多少钱?
- 服务模式
  - ☐ 是否为最好的客户提供了差异化的服务体验?

□谁负责执行差异化服务？
- 时间管理
  □你是否努力在日常工作安排中挤出时间来提升自己的能力？

业务规划工作表

完成对团队的诊断后，下一步就是确定需要采取的具体行动步骤。每一块都需要单独列清单。有了业务规划工作表，你就可以在每一个部分里列下需要采取的行动步骤。通过诊断当前团队实践的流程、制定改进每个领域的行动步骤，并将这些行动步骤写进业务规划工作表大纲中，这样就可以形成业务规划。如果你愿意的话可以正式一些，不过制定一个含有行动步骤的大纲要比形式重要得多。

高度学习公司业务规划工作表

以下是我的一个客户填写的与团队实践相关的业务规划工作表案例：

- **愿景**。团队对我们的未来设想了长期的愿景，但我们还没有制定实现这一愿景的业务规划。这是一件高优先级事项，希望能在一季度之前完成。
- **角色与职责**。我们已经确立了大概的角色与职责，但还没有依据产品、服务和销售这三大活动进行组织，未来我们会完成这些规划。合伙人需要放弃时薪低于500美元的任务，并将它们分配给团队的其他成员。我们还将为每个团队成员编写工作说明。这是一件中等优先级事项，希望在年中完成。

- **绩效考核**。因为我们没有具体的书面岗位职责说明，所以我们没有持续不断地进行绩效评估。这是我们的一个中等优先级事项，希望在下半年开始进行。
- **沟通**。我们在这方面十分出色，安排了每日和每周的团队会议。我们还没有召开过战略会议，以后将会把这一点加入团队沟通中。目前的团队沟通已经全方位覆盖，因此改善沟通是一个较低优先级事项。我们的目标是在明年年底举行一次战略会议。
- **薪酬**。我们发放给非理财顾问团队成员的薪酬现在完全是主观的。我们应增加正式的岗位职责说明和可量化的标准，这将成为更客观、更公平的薪酬结构设计的基础。我们将在明年开始筹备，这是我们团队的一个中等优先级事项，与建立角色、职责及绩效评估相关。
- **招聘**。我们十分认可客户经理的角色，并且相信客户经理会对团队发挥作用。我们有许多不太重要的客户关系，而客户经理职位可以帮助处理这些关系。目前有一位资深的客户助理符合这个岗位要求，我们想在下个月聘用他，这是一个高优先级事项。
- **服务**。我们花了大量的时间来打磨团队服务的价值主张，我们对此非常满意。
- **市场营销**。我们将实施一个基于积极的客户转介绍流程的营销计划，每年举办6次面向潜在客户和客户的活动，制定出能将熟人转变为潜在客户的转换策略，并与注册会计师合作来实现客户转介绍。这一切的目的都是建立我们的潜在获客渠道。
- **流程**。除了投资以外，我们在团队运营方面一直没有形成固定的流程。我们计划使用差距分析工具（gap analysis tool）来确定哪些流程需要被添加到团队的运营当中。这是一个高优先级事项，我们承诺立即开始。
- **领导力**。过去我们的团队没有表现出很强的领导力。然而，我们认为将团队所需的最佳实践纳入我们的业务规划将极大地提高团队的领导力。

对你的行动方案进行优先级排序

业务规划方案的最后一步是对团队工作领域的重要性进行优先级排序。首先制定规划大纲工作表，然后形成书面的业务规划，最后与团队一起检视。每当我为所指导的理财顾问客户制定业务规划并与他一同检视该规划时，都会得到如此回应：团队成员们通常会称赞这个规划做得好，但也总对规划当中建议他们做的事情感到应接不暇。

多年以来，我学会了将业务规划分解成多个部分，一个阶段内只重点在某一领域有所突破，目标则是在 12 个月内完成所有的业务规划。这样的方案确保团队不会被一段时期内的工作量压垮，在一年内完成业务规划是比较具有可行性的。

业务规划的执行

制定一个业务规划和构建一个愿景一样重要，但如果不去执行这个规划，愿景的力量就会消失。正如我常说的：没有行动的愿景是做白日梦，没有愿景的行动是徒劳无功，只有愿景和行动相结合，才能把梦想变成现实。

业务规划流程中最大的挑战不是制定它，而是成功地执行它。成功执行业务规划的第一步是将其传达给所有的团队成员并让他们接受。业务规划将个体成员结合在一个团队中，朝着某个伟大而重要的目标努力工作。如果成功执行业务规划，每个团队成员都将从中受益。业务规划不仅要与业务愿景一同展现给团队成员，还要在全年的会议中时时讲、处处讲。业务规划应该在每次团队会议上都占据一席之地，并成为指导团队日常行动和优先事项的"团队章程"。

成功执行业务规划的下一步是将任务分配给成员，以确保工作完成。例如，为了提高客户服务体验，其中一个步骤是建立客户画像，确定客户的业余爱好、他生命中最特别的一天、他钟爱的人或事、他的儿子和孙子的名字。该行动步骤可以分配给客户助理，让他与客户的理财顾问共同描绘客户画像。当全面地描绘出客户画像后，接下来就要获取客户的个人信息并采取行动，为客户制造"惊喜时刻"，这样一来就能与客户建立更紧密的关系。举例来说，惊喜时刻就是在客户"生命中最重要的一天"时，给他送上一份小礼物和一张手写的便条，或者邀请他参加一个感兴趣的活动，与他的孩子建立友谊，等等。客户助理需要按照时间进度来完善客户资料和制造惊喜时刻，并在完成后向团队负责人报告。这个客户助理实际上是在按照一流服务模板中列出的操作步骤执行任务。

当完成业务规划任务分配并设定截止期限后，一定要对团队成员的工作进行表彰或激励。可以在团队会议和半年一次的绩效评估会议中进行表彰，这是奖金和加薪的基础。当把有助于团队成长的业务规划任务分配给理财顾问时，应该给予赞赏并提高他的薪酬水平。

关注接班人计划

团队接班人计划是团队最佳实践中一个非常重要的部分，也是制定和实现团队愿景的一部分。特别强调的一点是，所有的团队都需要制订接班人计划。

如果合伙人离开一个团队时没有接班人计划，我想这个团队很难用合理的解释来说服我。在很多时候，接班人计划就像寿险，你可能不会马上需要它，但当你需要它的时候，它总是有百益而无一害的。

完整的接班人计划制订完成后，应该可以根据需要进行修改或调整。虽然接班人计划是必需的，但它并非一成不变，应视情况加以调整。接班人计划的目标是让团队可持续地发展，并且要比任何单一团队成员的力量都要强大。要做到这一点，就需要制订一个接班人计划。

有趣的是，根据 2014 年 SEI 咨询公司的调查，只有 20% 的理财顾问制订了可执行的接班人计划。如果说我强烈建议所有的团队都制订一个接班人计划，而目前只有 20% 的团队会这样做，那么说明大多数团队在接班人计划方面还有很大的提升空间。超过一半的理财顾问年龄在 50 岁以上，对这些顾问来说，退休近在眼前，但只有少数人做好了准备。

接班人计划指南

- **介绍**。作为一个标准流程，团队应该在新客户引进和新增团队成员时，向所有个人客户介绍每个团队成员及其角色与职责。
- **检视**。偶尔与其他团队成员一同检视业务，可以让每个客户都有机会深入了解团队的其他成员，开始对接班人计划产生信任。随着高级团队成员临近退休，接替他的成员需要更频繁地参与检视，并在其中发挥主导作用。
- **电话回访**。当高级合伙人接到前 50 位重要客户的电话时，应该适当地把一些电话转接给初级合伙人，这样客户就能习惯初级合伙人对他的需求做出回应。转接电话是给初级合伙人较深入了解客户的机会。

- **客户分配**。高级合伙人应该把自己的一部分客户分配给初级合伙人，让他们成为这些客户的主要客户经理，维护客户关系。
- **活动**。想要在最佳客户和其他团队成员之间建立信任，那么就要从个人和专业的角度了解团队成员。让其他理财顾问参与到为客户举办的小规模、近距离接触的活动，可以提升团队其他顾问和客户之间的个人关系。
- **退休**。在高级合伙人退休的前一年，应正式通知受到影响的客户，并且告知其该合伙人的退休计划以及其将被委派给谁负责（另一名理财顾问或客户经理），确保退休的同事成功做好工作交接。另一个需要遵循的方针是，客户应该在高级顾问正式宣布退休之前已经与委派的顾问建立了联系，确保一个相对无缝的交接。

接班人计划不应是一个禁忌话题，事实上，它一直都应该是透明的。最接近团队合作本质的东西就是接班人计划，但同时需要确保它是正式的、对大客户保持透明的。从客户的角度来看，当他们的理财顾问经历人生变故（死亡、退休、生病）时，他们会因为有人来接替服务而感到安心。

团队最佳实践愿景清单

☐ 团队是否有明确定义未来 5 年的愿景？
☐ 每位合伙人是否就团队愿景和目标达成一致，并努力实现团队愿景和目标？
☐ 团队设定的年度目标有助于达成 5 年愿景吗？

- □ 目标检验频率是月度还是季度的？谁负责跟踪它们？是否设置了团队负责人的岗位？
- □ 如何将结果传达给团队其他成员？
- □ 目标达成后会有报酬和表彰吗？
- □ 为达成未来 5 年的愿景，团队是否已经制定了业务规划？
- □ 团队是否已经明确未来 5 年愿景与目前的差距？
- □ 团队已经制定了行动步骤来弥补这些差距吗？
- □ 团队是否已经将行动步骤按业务规划的优先级顺序分配给具体的成员？
- □ 如何将已经完成的行动步骤结果传达给团队各成员？

第 4 章　分配角色与职责

最佳实践团队在给团队成员分配角色与职责时是非常慎重的，为了保证整个团队的高绩效，它们需要经常评估成员角色。在高度学习公司，我们曾培训和指导了数千名理财顾问。一项以这些理财顾问为目标人群的研究发现，最佳实践团队均有明确定义的角色与职责。

4 种基本的角色分工

许多顾问在确定团队的角色与职责时遇到的问题是，他们不知道要从哪里开始，以及如何确保满足团队所有的需求。我发现，高绩效和高效率的团队的运作方式在任何行业的成功企业之间都是通用的。在帮助团队解决这个问题时，我建议它们将业务当作一家企业。观察任何一家成功的企业，通常有 4 个基本的部门：产品、服务、人力资源和市场营销。当团队设计所需的角色与职责时，应该围绕这 4 个部门的需求进行安排。

产品部门

产品和服务是由企业提供、客户购买的东西。在金融服务领域，你所提供的产品就是财富管理服务和专业技能。财富管理服务包括：判定客户投资目标和风险承受能力的尽调流程；财务规划以及实现财务目标的具体计划；投资流程——例如投资组合、资产管理、交易原则以及与投资组合管理相关的方方面面；代际规划、风险管理和负债管理。最后，它还包括实时的财务状况分析和报表，用以评估目标实现的进展，并根据需要做出必要的调整。财富管理流程的完成度因团队而异，但与任何业务一样，产品越成功，需求就越大，最好的供应者能从中获得产品溢价。

服务部门

成功的企业都致力于为客户提供优质的服务。我们的目标应该是拥有忠诚且"狂热的"客户，开发和完善一流的服务模式是实现这一目标的关键。例如，我已经有了一辆雷克萨斯，打算在不久的将来买一辆新车。我看过很多不同品牌和车型的评价，在考虑买什么车的时候，我又开始考虑买另一辆雷克萨斯。不仅仅是因为它是一辆好车，还因为我们当地雷克萨斯经销商的服务部门非常出色。他们不仅提供良好的维护服务，维修时能租借代步车供我使用，而且服务代表总是在我有紧急情况时不辞辛苦地提供帮助，为我排忧解难。服务部门设置了一个体验极佳的等候区，拥有工作空间、茶点和很好的氛围。无论其他品牌有多少更好的产品，他们的经销商都不一定会提供同样水平的服务。经过几周的深思熟虑，我决定下一辆车还选雷克萨斯。

在金融服务领域，情况也是如此：许多理财顾问机构仅仅提供可靠的投资建议和财富管理服务，但拥有"满意的客户"和"狂热的粉丝"之间的差距在于服务体验。

人力资源部门

这是每个企业中最关注员工的地方。虽然小型公司通常没有专门的人力资源部门，但是兼任人力资源的员工都把精力集中在公司的招聘和培训上了。人力资源部门决定员工的角色与职责、员工的绩效评估和检视方案，以及团队的表彰和包括福利在内的薪酬设计。这也是监管员工的部门，确保团队能够充分发挥员工的优势。

市场营销部门

这个部门专注于推广产品和吸引新客户。每一项理财顾问业务都应该拥有一个理想客户的画像，并围绕不同的客户画像组建市场营销部门。在金融服务领域，营销部门应该设置以下 7 项业务拓展战略：客户转介绍、建立专业转介绍的关系网、事件营销、将个人关系转变为客户关系、引进现有客户在别处的资产、细分市场的营销以及建立和管理潜在客户渠道。此外，营销部门通过网站、营销宣传和社交媒体来建设与管理公司的价值主张及品牌。

大多数理财顾问团队都有优秀的产品和服务部门，但仅有少数团队拥有合适的人力资源部门，设有营销部门的团队就更少见了。实际上，绝大多数经验丰富的理财顾问仅仅依赖于被动的营销策略，比如不请自来的推荐，以及被动整合现有客户的资产。

一个理财顾问团队如果没有积极的、强有力的营销部门来吸引新的、理想的客户，就永远无法充分发挥他们的潜力。这同样适用于所有行业中的任何业务，最成功的企业积极主动地向它们的理想客户推销产品。

部门的角色与职责

下面列出了适合各部门开展工作的岗位类型。每个部门并不需要将所有职能配备齐全，这只是对岗位的建议。在某些情况下，同一角色被安排在了不同的部门，这说明这个成员可能在这些部门拥有不同的职责，或者是几个团队成员角色或级别相同，因此他们可能被分配到了不同的部门担任主要的职责。

最后，为每个角色设定标准和期望。根据高绩效的目标设定，为担任这些角色与职责的团队成员设定任务并进行检视。

产品部门

- 合伙人。
- 客户经理。
- 产品专家。
- 代际规划师。
- 投资分析师。
- 财务规划师。

服务部门

- 合伙人。
- 客户经理。
- 注册客户助理。
- 行政助理。
- 投资助理。
- 礼宾经理。

市场营销部门

- 合伙人。
- 业务拓展助理。
- 营销经理。

人力资源部门

- 合伙人。

- 业务经理［首席运营官（COO）］。
- 团队负责人。

3 项基本工作

多数理财顾问花费了太多的时间去完成本可以委托给其他人去做的任务，因而没有足够的时间去做最有价值的业务。我相信有许多原因（或根深蒂固的想法）造成这种现象：

- 没有人能比我做得更好。
- 我不能在大客户身上犯任何错误。
- 教别人怎么做这件事，要花太多时间了。
- 和挖掘潜在客户相比，我宁愿做一件没那么重要的事情。
- 我的团队中没有人可以接手这项任务。

有一个很好的角度可以分析这个问题，给理财顾问的每一项不能委派给他人的任务赋予一个计费标准，产出与时薪换算如下：

$$1\,000\,000\ 美元的产出 = 500\ 美元／小时$$
$$2\,000\,000\ 美元的产出 = 1\,000\ 美元／小时$$
$$3\,000\,000\ 美元的产出 = 1\,500\ 美元／小时$$

我相信只有 3 件事是理财顾问不能委派给其他人的，我把它们叫作"三大任务"，包括：

（1）财富管理流程的开发与实施——客户体验（产品部门）。

（2）与客户建立联系——与最重要的50位客户会晤和通话（服务部门）。

（3）业务拓展活动——获取新的富裕客户和资产（营销部门）。

理财顾问从事的这些工作是按小时计费的，无论时薪是500美元、1 000美元，还是1 500美元。

而把非核心任务委派给团队行政管理成员的成本大约是每小时30美元。如果理财顾问把他们的时薪与行政管理人员的时薪进行比较，他们就能了解分配非核心任务的重要性了。

除了三大任务外，其他非核心任务都以每小时30美元的收费为基准。

一位理财顾问每天的时间和精力是有限的，在三大任务上花的时间和精力越多，理财顾问得到的薪酬就越多。任何经过审慎思考的理财顾问都应该清楚，他们完成时薪30美元的工作越多，那么能完成时薪500美元的工作就越少，每天的利润也就越少。

想象一下，你的团队的任务超负荷了，而这时一个非常有经验的行政助理正在找工作，因为他所服务的理财顾问即将退休。经过面试，你发现他有足够的经验和技能帮你做所需的一切工作。当你问他想要多少薪水时，他告诉你他想要每小时500美元。你雇得起他吗？事实上，你已经有这个薪酬级别的员工了，那就是你自己。如果你花时间做非核心工作，那么你就是自己的助理。因此，我们应该拒绝聘请时薪500美元的助理，而选择时薪30美元的助理。

如果想让团队更上一层楼，你的大部分时间需要花在非你不可的事情上。如果某些事情可以外包、委派或忽略，你就得这么做。这是顶级理财顾问与众不同的关键因素之一，顶级理财顾问花费50%~75%的时间，只做两件事：积极地拓展业务和联系客户。然而，大多数理财顾问在这些创收活动上花费的时间不到20%。

如何分配你的时间？

用下面两种方式来划分团队，确定需要的特定角色和职能：

（1）三大任务 = 500 美元 / 小时及以上。
（2）非三大任务 = 30 美元 / 小时。

让每个理财顾问写下日常工作中的非三大任务，把这些任务整合成行政管理人员的岗位职责。如果你已经有了行政管理人员，请查看此人正在执行或有能力执行的任务量。如果行政管理人员有精力，就把任务分配给他们；如果没有，就聘请一个新成员来完成这些任务。通常情况下，行政管理人员有能力做更多的事情，但是因为顾问没有合理分配，所以行政管理人员没有发挥全部的作用。

招聘新员工的阻碍通常是成本。然而，事实上理财顾问支付给新成员 30 美元 / 小时的薪酬，这样他们就可以有时间做 500 美元 / 小时的工作，最后赚取 470 美元 / 小时的差额，这种差异是显而易见的。在我合作过的理财顾问团队中，从来没有因为新增必要的行政管理人员而后悔，它是一个团队所做的投资中具有最高投资回报率的事情之一。

岗位职责说明和岗位目标

一个与角色和职责相关的团队最佳实践，是为每个成员编写岗位职责说明。我在指导团队时，会让团队成员写下他们自己的主要工作职能。每个成员写完自己的岗位职责说明后，我就会与整个团队开会，分享每个成员所描述的职能，然后询问："这些描述是否已包含所有对团队的高水准运作起关键作用的职能？"

在大多数情况下，团队成员会异口同声地回答存在一些遗漏，这些遗漏的任务需要分配给一名团队的现有成员。如果遗漏任务非常多，那么就需要聘请新成员。接下来，我们要将任务按优先级排序，并将其分配给有能力的成员，或者为新成员编写全新的岗位职责说明。

绩效和报酬取决于团队成员在那些高优先级任务上的表现。可以把为每个团队成员分配 3~5 个可评估的高优先级任务作为一个准则（后面几章将更详细地介绍这个方案）。

以下是金融服务团队的典型岗位职责说明。

团队岗位职责说明

理财顾问 1

1. 团队负责人
   作为团队执行委员会负责人
   制定战略愿景
   负责招聘
   协调团队职责
   绩效考核

2. 投资
   构建投资组合（与理财顾问 2 一起）
   负责最复杂的期权、对冲和策略

3. 业务拓展
   主持业务展望会议
   担任主要宣讲人

进行会议总结

4. 客户关系

作为负责最重要的前50位客户的客户经理

理财顾问2

1. 客户关系

客户检视及与次要客户的沟通

2. 投资

负责投资组合管理和投资策略

参与电话研讨会

业绩追踪

3. 业务管理——团队负责人

跟踪结果与目标

将部分业务外包给其他理财顾问

团队支出管理

4. 业务拓展（次级职能）

与客户、注册会计师和律师建立潜在的客户渠道关系

理财顾问3

1. 业务拓展——寻找业务资源、挖掘商机

联系潜在的优质富裕客户

特定兴趣社群会议及活动

事件营销

新商机沟通会议

获客渠道管理

2. 客户关系（次级职能）

联系客户——小客户

> 亲自与分配给自己的客户进行见面并追踪
>
> **客户助理 1**
>
> 监控团队费用
>
> 负责客户规划的准备工作
>
> 负责客户检视的准备工作
>
> 为客户检视制定时间表
>
> 充当团队技术人员
>
> 为团队管理和客户提供行政支持
>
> **客户助理 2**
>
> 协助核心富裕客户的管理（最重要的前100位客户）
>
> 为最重要的前50位客户设定50个接触点

团队最佳实践中的潜在角色

在团队工作的37年里，我观察并访谈了很多行业中最高效的团队，也已见证过多种多样的角色与职责。以下是4个部门的关键角色与职责的描述。不是每个团队都需要设置所有的角色，但是这个清单将为你提供一个广阔的范围去思考可能需要的角色，每一个角色都能在高效团队运作中发挥价值。

- **合伙人**。与股权所有者和理财顾问（通常是高级顾问）的岗位职责一致——产品、服务、人力资源和营销部门。
- **客户经理**。薪酬主要来源于工资和奖金，未持有股权，任务是为小客户工作——产品和服务部门。

- **业务经理**。可以是负责协调 4 个方面工作的合伙人或雇员（领取工资和奖金）。担任团队负责人，主要解决团队冲突，并根据每个团队成员的岗位职责说明提供业绩评价结果——人力资源部门。
- **产品专家**。可以是团队的内部成员或外部成员，也可以是合伙人。为团队财富管理方案提供详尽的专业知识，例如代际规划、保险、贷款、财务规划和信托——产品部门。
- **代际规划师**。为富裕客户做出下一代规划，通常由年轻的顾问或客户经理担任这一角色——产品和服务部门。
- **投资分析师**。投资组合分析，投资管理，研究——产品部门。
- **业务拓展专业人士**。通常是合伙人，可以持有少数股权。唯一的责任是执行营销部门的获客策略，管理及拓展获客渠道——市场部门。
- **取得注册资格的客户助理**。面向核心富裕客户工作，为忠诚的客户提供服务——服务部门。
- **行政助理**。在日常运营中，辅助合伙人和客户助理工作。管理报告，准备和安排任务检视，提供投标书等——服务部门。
- **投资助理**。介于高级客户助理和理财顾问两者之间的角色——服务部门。
- **规划师**。为核心富裕客户提供规划方案，把挖掘到的信息和资源应用到方案中，与客户共同评估方案，必要时引进专家支持。负责增强客户对本团队的黏性，努力获取客户全部钱包份额——产品部门。
- **营销经理**。在网站、社交媒体、活动运营、持续跟进等方面为团队塑造品牌，帮助团队完善和彰显价值主张，制定和维护营销材料和投标书，组织客户会议和网络活动。这个工作可以由兼职或全职的员工担任——营销部门。

- **礼宾经理**。全年为客户制造惊喜时刻，维持与客户的联系，维护客户档案，并确保邀请到每一位核心富裕的客户参加他们感兴趣的活动，结合客户的喜好为客户的孩子举办趣味活动——服务部门。

客户经理的角色

观察了许多理财顾问后，我发现他们为小客户提供了过多的服务，因而降低了对最佳客户的服务质量。这种现象是因为理财顾问及其团队希望及时回应所有的客户，并花费大把时间为需求最多的客户处理问题，结果导致他们经常没有足够的时间和精力关注最好的客户，从而失去获得额外业务和资产的重要机会。当我向他们指出这一现象时，他们对此感到十分愧疚，最常见的反应是："我知道你说的是对的，但……"

- 他们是我的第一批客户。
- 他们是我的邻居、朋友或亲戚。
- 他们是一个大客户介绍给我的。
- 他们与一个更大的客户之间存在联系。
- 他们是由注册会计师或律师介绍给我的。

所有理由都是合理的，但这并不能解决问题，而且会降低团队的工作效率。为解决这一常见问题，就要在团队中设置客户经理这个角色。这是我向许多团队提出的建议，那些听从建议的团队，都会惊讶于设置客户经理这一角色后的变化。

正如我在本章前面所述，理财顾问的三大任务之一是与他们最重要的前 50~75 位客户保持联系，每月进行会面或电话沟通。通常，如果一个理财顾问团队成员负责 50 名以上的客户，那么团队应该增加一个客户经理的角色直接处理过量的、小客户的关系。例如，如果一个团队总共有 2 名理财顾问和 200 位客户，那么每名理财顾问负责维系 50 位客户的关系，另外 100 位客户分配给一名客户经理，客户经理直接向理财顾问汇报即可。

客户经理的职责

每名客户经理能够维护 100~150 位客户，最多不超过 150 位。理财顾问将客户分配给客户经理维护，客户经理是理财顾问的替代角色。客户经理不会为这些客户制定财富管理和投资流程，只是执行理财顾问提供的流程。他们提供投资建议，主动联系客户，对分配的客户进行跟进。

客户经理不是设计者，而是执行者。他们必须非常熟悉团队构建的方案，并定期更新投资策略。他们对战术投资组合和资产配置进行再平衡，更新财务计划，并执行计划。他们提供金融市场行情，分享团队的前沿观点，并为他们的客户提供有价值的、可能影响客户资产的资讯。实际上，他们就像理财顾问的合伙人一样，去管理那些分配给他们的客户的投资组合。

团队的最佳实践之一是，根据客户资产规模和客户关系价值，让客户经理与理财顾问一起参与年度检视，尤其要关注那些分配给客户经理的大客户。客户经理要安排并做好年度检视的所有准备工作。此外，他将执行检视结果并贯彻重要文件中确定的所有行动。理财顾问在这些对每一客户的年度检视上通常花费的时间不多于 30 分钟，而客户经理在必要时需花费较多额外的时间。

客户经理与理财顾问合伙人一同确定与所分配的客户接触的频

率。根据客户的资产规模和优先级进行分类安排，例如，每年给最高优先级的客户安排6次交流机会（包括半年度、年度的客户见面会），而每季度给低优先级的客户可能安排一次交流机会。此外，客户经理需要负责解决分配给自己的所有客户的全部服务问题。他们还需要完成所有相关客户的日常联络，以及相关工作文档的梳理。

将客户交接给客户经理

当理财顾问合伙人在增聘客户经理时，面临的最大挑战之一是客户的交接。我建议理财顾问亲自与相关客户及客户经理进行电话沟通。对话内容应包括以下几点：

- 理财顾问将增聘一位合伙人，以解决目前服务能力有限的情况。
- 理财顾问难以提供客户有权享有的所有服务，因此将客户分配给客户经理。
- 理财顾问将提供客户经理的背景资料，以及为什么他认为这样的安排是合适的。
- 客户经理将在理财顾问的监督下，执行由理财顾问提供的财富管理和投资流程。
- 如果有需要，理财顾问可以随时与客户联系。
- 理财顾问将继续参与年度检视。

如客户提出反对，理财顾问可做出以下决定：

- 理财顾问可以继续为客户工作（最次选项）。
- 理财顾问可以邀请客户先体验90天，然后再做决定。

- 如果不能接受，理财顾问可以告诉客户，他将把客户安排给另一个更有能力的顾问团队。

客户经理交接示例脚本

下面的示例脚本包含了上述要点：

尊敬的××女士/先生，基于对个人业务的评估及为客户提供高水平服务的承诺，去年我引进了一名新的团队成员，（客户经理的名字），以便实现我对您的承诺。我已指定（客户经理的名字）在我的监督下管理您的账户，以确保您得到应有的关注与服务，我完全相信（客户经理的名字）将出色地为您的账户提供服务。我想亲自把您介绍给（客户经理的名字），他也会在电话中与您沟通。我将继续参与管理您的账户，并承诺每年与您至少会面一次。

注意：交接过程大约需要4～5周。如果将100位客户交接给一个新的客户经理，可能需要6个月的时间。

客户经理任职要求

最佳客户经理和最佳理财顾问有不同的特点，主要区别在于：客户经理缺乏获取新富裕客户的意愿（或能力），而这是一个理财顾问的基本资质。客户经理应该品貌兼优、很专业，并有良好影响力及沟通技巧，以及极强的组织能力。客户经理与理财顾问的另一个区别是，客户经理应该以服务为导向，自信满满，但也不应过于显现个人野心。

客户经理的从业背景

在发掘客户经理时，应该考虑以下几点：

- 已取得注册资格和经验丰富的客户助理。
- 在招揽新客户方面不甚成功的理财顾问。
- 中级注册会计师——非合伙人。
- 中级或初级律师——非合伙人。
- 财务规划师。
- 拥有商学学位的本科生，或拥有一些从业经验的MBA（工商管理硕士）。
- 担任过教职工作的人，也可以成为很好的客户经理。

注意：取得注册资格是成为客户经理的必要条件，当然你也可以聘请一个有望很快取得注册资格的客户经理。

这些绝对不会是唯一的标准，但是或许能够为你提供一些招聘客户经理的参考。

客户经理的薪酬

客户经理的年薪水平应该在75 000～120 000美元。可根据你所在的地区对薪酬区间进行调整，例如美国西海岸和东北部的收入会超过区间上限。确保实现客户经理的薪酬预期切合实际是十分重要的，一般客户经理的年收入不太可能超过12万美元，除非逐步加薪。在我们这个行业里，理财顾问赚得更多，因为他们有能力招揽到新的百万美元资产客户，而获客并不是客户经理的职责。如果客户经理想要获得比约定范畴更多的收入，他必须愿意招揽新的富裕客户；在这种情况下，他就成了一名理财顾问，并且需要聘请一个新的客户经理。

一般来说，客户经理的收入构成主要是工资和奖金，没有股权收入。然而，如果团队负责人决定以一个理财顾问的待遇水平支付给客户经理的话就会有小部分分成，当然这种情况很少见。例如，如果一个理财顾问团队做了笔 200 万美元的生意，可以把 10% 的收入分给客户经理团队，而不是支付工资和奖金。这么做的风险在于，如果团队的业绩大幅增长，客户经理的收入可能会轻易超过 12 万美元的限制。

我经常被问到聘请客户经理的成本是否值得。我想与大家分享一个故事，来解释为什么我认为是值得的。我曾经指导过一位名叫弗雷德的理财顾问，他的业务非常成功，但他的客户也多到令他应接不暇。他的年度业务收入是 200 万美元，并希望在不久的将来提高到 300 万美元的水平。通过分析他的业务，我发现他管理的客户太多了，已经超过负荷。我告诉他，应该放弃 100~150 个较小的客户。他拒绝接受我的建议，因为他和所有的客户都太亲近了，觉得对他们负有义务。作为替代方案，我建议在他的团队中新增一名客户经理。我们在他的办公室里发现了汤姆，是一名财务总监，当时已经工作了 3 年，具备 CFP 资格，但他的业绩较差，不擅长招揽新的富裕客户。我的客户弗雷德找到汤姆，让他担任客户经理，并给予这个岗位 10 万美元的薪酬，这实际上是在给汤姆加薪。汤姆接受了邀请，负责维护理财顾问分配给他的 120 位客户。绝大多数客户接受了新的安排，汤姆开始接管他们的账户。结果，第 2 年弗雷德的业绩增长了 15%，他的小客户得到了关照，同时也让他自己的生活质量得到了提高——这是一个双赢的局面。在这个案例中，弗雷德将 10% 的股权收入分给了客户经理，此外还将这些小客户带来的 20 万美元创收让出，但因为自己有更多的时间去关注大客户以及获取新客户，弗雷德的业绩额外增长了 40 万美元。

将小客户交接给客户经理，理财顾问合伙人就有更多的时间与大客户相处，比如获取更多钱包份额，并有更多的时间用于业务拓展。与此同时，客户经理很可能会从他们服务的小客户那里收获更多，因为他们花在这些客户身上的时间比之前要多。

● **客户经理的责任**

客户经理应负责以下工作：

- 提供团队客户早已期待的、更优质的服务体验。
- 保障与客户间的沟通频次。
- 客户留存。
- 获取名下客户的更多钱包份额。
- 遵循理财顾问合伙人提供的投资策略。

团队最佳实践角色与职责清单

在确定需要哪些角色与职责以及如何分配它们时，要绞尽脑汁花费时间去思考。但是如果没把对的人安排在对的岗位上，一个团队就永远不会达到高效运作的状态。

☐ 团队有明确的角色与职责吗？
☐ 理财顾问合伙人把大多数时间花在时薪 500 美元 / 小时的三大任务上了吗？
☐ 每个团队成员都有书面的岗位职责说明吗？
☐ 每个成员都已分配 3~5 个高优先级且可评估的工作了吗？
☐ 考虑为团队新增一名客户经理了吗？
☐ 你的团队的角色与职责可以归入 4 个部门里面吗？

第 5 章　工作检视与绩效评估

我的一位导师、美林证券前区域经理拉里·比德曼（Larry Biederman）曾对我说："对于任何事情，你如果没法评估，就没法管理。"这是我得到过的最好的建议。

虽然设计角色与职责很重要，但是如果不能评估这些角色与职责的绩效，你就没法真正了解团队是否正以最高的效率在工作。

团队最佳实践的执行，首先要从明确各成员的角色与职责开始，每个岗位职责说明中必须包含可评估的标准。问问自己"哪些任务是可以评估的"以及"工作中最重要的评估标准是什么"，如果不能评估每项活动或目标，那么团队成员就无法对自己的工作负责。如果每项工作都有太多需要评估的方面，就会让团队成员不知所措。根据实践经验，相较于大量的、中等优先级的任务而言，团队成员通常能以更高的效率完成少量的、高优先级的任务。

可评估的活动和目标

我们在指导顾问评估绩效时，会建议他们为团队的每个成员分配3~5项可评估的高优先级任务。这些任务是兑现奖金和加薪的基础，但并不意味着只要关注这些就够了，团队成员还要满足基本工作要求。例如，行政助理的基本工作要求是专业地接听电话，或者完成新客户的引进流程，并检查好所有资料文件，而他们可评估的绩效任务类似于"为最重要的前50位客户制造惊喜"。在岗位职责说明中需要列出绩效任务和基本工作要求。

接下来，要保证绩效任务可以量化评估。例如，如果行政助理的岗位职责说明中可能包含"客户服务"任务，尽管这确实属于行政助理的工作范畴，但我们很难评估客户服务工作的质量，因为它定义不清晰且责任范围太宽泛。正确的做法应该是在岗位职责说明中将客户服务的目标进行分解，确定可评估的目标以及最重要的评估目标。以下任何一项都可以作为可评估的目标，但是请记住，只能为每个成员分配3～5项最高优先级的任务（如果不确定分配几个合适，那么任务越少越好）。

- 有效地筛选电话——按照程序为理财顾问筛除非必要电话，让理财顾问能够关注于最佳客户和潜在客户。
- 48小时内为团队的前100名客户解决问题——把更困难的问题升级给高层去解决。
- 提前设好客户检视的内容，包括议程项目、季度和年度结果、上次检视的记录、讲义。
- 完成客户的引进流程。
- 在头一个季度内完成团队客户个人信息资料表的填写。
- 为团队的顶级客户制造惊喜。
- 为客户筹办周年答谢会。
- 组织好现有客户和潜在客户。

另一个典型的岗位职责说明是"业务拓展"。对于这个岗位来说，过程与结果一样重要。主要负责团队业务拓展的理财顾问合伙人可评估的岗位职责说明如下（或者如果没有主要负责人，则发放给所有理财顾问合伙人）：

- 每月安排 4 次转介绍会。
- 每季度与 5 名新晋注册会计师会面。
- 每周 1 次或每月 4 次与拥有百万美元资产的潜在客户会面。
- 挖掘拥有百万美元资产的潜在客户，将获取这种客户的渠道拓展到 25 条。
- 在特定年份获得新客户 2 000 万美元资产的管理权。

绩效评估

摆在理财顾问团队面前的最大挑战，并不是将角色与职责、业绩报告以及评估工作有机结合。我在美林证券做了 20 多年的经理，它简单而有效的业绩管理方式给我留下了深刻的印象。我的领导每年都会给我设定新的少数关键目标（critical few objectives，简写为 CFO），通常有 5 个，公司每年会检视这 5 个关键目标，并且会根据绩效表现决定我的薪酬。我和公司深知这份工作的基本要求是遵守公司的规章制度和人力资源政策，对利益相关者（理财顾问和客户）负责，保持团队良好的士气，满足这些基本的工作要求是我能保住工作的原因，但我的薪酬却更多的是基于少数关键目标的绩效表现。

美林证券将流程简化，为每个少数关键目标设定 4 种潜在的评级标准：

- FE（far exceeds requirements）——远远超过要求。
- ER（exceeds requirements）——超过要求。

- MR（meets requirements）——符合要求。
- DNM（does not meet requirements）——不符合要求。

每年年初，我都清楚地知道每个少数关键目标评估的标准。公司每月对这些可评估的目标进行检视，这样我就可以知道自己距离预期还有多远。为了让我得到最高的评级，领导给我安排了进阶式的年中检视，并且负责我的年度检视和年终打分。年底时，考虑我在完成或参与少数关键目标过程中的整体表现，我会得到一个最终的综合评级。这个简单的绩效评估过程同时也非常有效，因此我在指导团队评估绩效时，给它们实施了相同的方案。下面是一个例子。

角色与职责—客户服务—行政助理

- **高优先级评估标准（少数关键目标）**

（1）提前准备客户资料，包括议程列表、季度和年度结果、上次检视的记录、宣传册。

（2）为新客户准备签约清单。

（3）在头一个季度内完成团队客户个人资料表的填写。

（4）为团队的前 100 名客户制造惊喜。

（5）为所有客户和潜在客户做好行政支持。

评级应该基于员工公认的客观标准，每项任务或目标都应该有一个明确的评分准则。例如，以下内容可以作为客户检视任务的标准：

- FE——客户检视工作总是在会议之前预备好，并且是完备的；助理总是依据检视的进度来行动。

- ER——客户检视工作总是在会议之前预备好,并且总是完备的。
- MR——客户检视工作大部分时间是在会议之前预备好的,并且是完备的。
- DNM——客户检视工作没有在会议之前完成,也不完备。

绩效评估样本

绩效评估时应该会受一些主观因素的影响,如积极的态度、客户的赞扬、"我能行"的态度等。但是考核的首要因素应该是客观的衡量标准。例如,绩效评估级别可能是这样的:

(1)客户的检视工作——ER。

(2)新客户签约——ER。

(3)为客户制造惊喜时刻——FE。

(4)完善并更新客户资料——ER。

(5)活动管理——MR。

(6)综合评级——ER。

指派一位团队管理者

团队中的高级成员(通常是理财顾问合伙人或高级合伙人)需要承担团队负责人的职责。在扁平化团队中,团队负责人的角色可以轮转,但一般不需要。

团队负责人对分配给每个团队成员的可评估的3~5个高优先级目标进行监测,并评估每个成员的工作成果。其中一些成果可以体现在公司内部报告中,而另一些成果则不能体现。这时,团队负责人的职责就是收集信息,将成果与任务目标进行比较,并根据比较结果对目标的绩效表现进行评级。团队负责人应在半年度和年度检视之前准备好期末的监测报告。然后，由团队评审委员会或该员工的负责人参与评估流程及进行最终的评级打分。

建立严格的检视机制

我曾见过如下情景：员工们宁可在评估后得到负反馈结果，也不愿进行模棱两可的无效评估或反馈。大多数最佳实践团队每年进行两次员工评估，包括年中和年度。也有些最佳实践团队会安排季度评估，而有些团队只安排年度评估。根据我的经验，半年一次的评估计划是最理想的，它可以让员工对自己的表现进行梳理，并且不会给团队造成太大的管理压力。我同样建议团队有机会就自发地进行非正式的沟通反馈。典型的年中评估一般时长 30 分钟，年度评估一般时长 30～60 分钟。

年度和年中评估应关注以下 7 个主要领域：

（1）团队成员的业绩贡献。
（2）团队负责人、指派的理财顾问或高级助理对员工行为的观察。
（3）员工个人的自我检视。
（4）团队承诺（他们有团队精神吗？）。
（5）态度积极性。
（6）客户的评价。
（7）3～5 项清晰的绩效目标和活动与成果对比。

此外，如果有必要，年度评估会议中应该包括在年中评估时对角色与职责及绩效目标所做的调整。年度检视产生的最终评级决定某一员工岗位的薪酬，包括加薪、奖金或奖金池的比例等。

● **投入时间进行薪酬评估的意义**

制订一个好的绩效评估方案需要投入时间,但这对于一个团队的高效运作来说是至关重要的。团队形成后,就应该将制订的绩效评估方案提上议程。

绩效评估示例

以下是一个年中和年度评估的示例。年中评估重点关注3~5个高优先级目标绩效的表现,而年度检视则须涵盖大部分或全部目标。

绩效评估的第一部分侧重团队对个人的评估:

- 评估3~5个高优先级工作目标和活动的结果。
- 团队成员的业绩贡献。
- 团队负责人或指派理财顾问或高级客户助理观察员工的行为。
- 团队承诺。
- 态度积极性。
- 客户的评价。

绩效评估的第二部分是成员的自我评估。可事先准备一些问题,在检视时询问成员:

- 你对团队的贡献是什么?
- 在你的工作中有哪些可以做得更好?
- 你有想要提升的地方吗?
- 有没有什么工作方法是需要改变或替换的?
- 你有哪些事务是想多做或少做的?
- 你觉得自己的角色与职责和目标合适吗?

- 你喜欢的工作是哪些？
- 你希望自己不用去做哪些事务？
- 我要为你工作的哪些方面进行调整？
- 你认为团队在哪些方面可以改进？

理财顾问的评估

最佳实践团队会评估理财顾问合伙人，包括高级合伙人。我在指导理财顾问时发现，问责制是积极行为的驱动力：如果团队真的想提高产出，那么所有层级都应该实施问责制。最佳实践团队中的理财顾问合伙人对彼此负责，与非理财顾问成员相比，他们理应实现更高的绩效水平。通常，高级合伙人评估初级合伙人，高级合伙人之间互相检视。高级合伙人评估的目的是确保合伙人能够积极地对彼此负责。可以说，问责制是人类行为的强大驱动力。

理财顾问合伙人对高优先级目标和工作活动负责的内容包括但不限于：

- 业务拓展活动——客户转介绍座谈会、客户注册会计师会议、潜在高净值客户会议、潜在客户活动。
- 客户联系——每月联系最重要的前50位客户，每季度对此进行检视。
- 加入社团——成为当地或国家非营利机构理事会成员。
- 客户服务——随机提供友善的服务（random acts of kindness），参与客户的重要活动，看望客户的孩子，举办代际规划会议。
- 委托客户业务收入增长。
- 委托客户钱包份额增长。
- 与委托客户共同执行和更新财务计划。

- 继续教育——参加专业协会，取得专业资质，提升专业能力或专业技巧。
- 参加团队会议，进行员工评估管理，指导和培训新员工或初级团队成员。

一个团队的综合力量取决于它最薄弱的部分。绩效评估为团队提供了表彰出色业绩贡献，提高平均绩效水平，以及剔除表现不佳员工的机会。绩效报告和评估需要投入时间，但同时可带来更强的生产力、更高的士气和高效运作团队成员的忠诚度。

问责制的最后一部分是基于绩效的、公平的薪酬制度，下一章将讨论这个问题。

绩效评估的最佳实践清单

☐ 是否已经制定岗位职责说明以及评估3~5个高优先级工作目标绩效的标准？

☐ 是否已为每个团队成员设定不可接受的、可接受的和优秀的绩效水平间的差异化目标？

☐ 是否已建立定期绩效评估制度？频率如何？

☐ 是否书面制定了每项工作考核的内容？

☐ 是否已指定一个团队成员作为团队负责人，让其监控成员岗位职责与目标的执行情况与结果？

第 6 章　团队薪酬

角色与职责、绩效评估、薪酬制度是问责制的基础。此 3 种最佳实践方法相辅相成，缺一不可。最高效的团队深知问责制的重要性，并将其纳入团队最佳实践范畴中。

薪酬是对出色工作表现的物质奖励。公平的薪酬制度，与定义清晰的角色与职责、绩效评估同样重要。如果没有公平的薪酬制度，员工就没有驱动力和忠诚感。所有的最佳实践团队都明白，忠诚和工作满意度对全面成功的实现至关重要，给成员提供丰厚且公平的报酬是保证其为客户提供优质服务的最佳方式。

薪酬指南：哪些可以奖励，哪些不应奖励

团队应该尽力确保薪酬制度的公平，而保证公平的最佳方式是制定基于清晰定义的角色与职责的薪酬制度。通常情况下，理财顾问团队成员的薪酬是根据团队领导者的主观判断制定的，但这种方式是站不住脚的，更别说能够对成员工作绩效进行评估了。更糟糕的情况是让低于平均绩效水平的成员获得过多的薪酬。

"公平但不均等"应该作为团队的薪酬设计准则。一分耕耘，一

分收获，关键是所有成员都应该了解高绩效、平均绩效和低绩效之间的区别。通过实施第 4 章中的评估方案，所有成员都能够对团队的期望达成共识。

下一步是将薪酬与绩效挂钩。在制订薪酬计划时，团队需要考虑很多因素。它们必须意识到最高优先级事项是什么，并且确保薪酬制度体现这些高优先级事项。高优先级事项的例子包括：

- 业务增长。
- 获取新的客户资产。
- 拥有狂热的粉丝（客户）。
- 一流的服务。
- 一流的财富管理方案。

接下来团队要明确与每个高优先级事项相关且可评估的目标和活动，然后就可以根据员工的绩效表现发放薪酬。

有些绩效目标是完全可以由团队成员自己掌控的，它们可以与薪酬挂钩，这些目标包括：

- 客户满意度调查得分。
- 客户检视的筹备情况。
- 制造惊喜时刻。
- 积极的态度。
- 解决问题。
- 潜在客户会议。
- 随机提供友善的服务（以数量计）。
- 客户转介绍会。

然而，一些外部因素也会影响到工作绩效表现，包括金融市场环境或其他团队成员的绩效。在评估团队成员绩效或确定他们的薪酬时，需要排除的因素可能包括：

- 市场情况。
- 投资组合的短期回报。
- 团队整体收入。
- 客户流动。
- 现金流出。

职能型岗位的薪酬结构

在大多数高效运作的团队中，职能型岗位人员的薪酬构成包括基本工资、年度个人绩效奖金和年度团队绩效奖金。

职能型员工的基本工资

职能型员工的基本工资应与该职位的同业水平挂钩。对于公司愿意为非创收员工或行政岗位支付的基本工资金额，大多数团队几乎没有话语权，但是在大多数情况下，团队需要通过其他方式对这些岗位人员的基本工资进行补贴。额外的工资是吸引、留住和奖励忠诚员工的必要条件。还应该注意的是，补贴工资制定实施后就不应再降低其标准。它通常是团队总业务收入的固定比例，公司的基本工资加上团队的补贴工资即构成职能型员工的基本工资。

对最佳实践团队的调查结果显示，多数团队支付给每一位非创收团队成员的补贴工资通常为前一年业务收入的 0.5%~2%，具体比例根据资历和岗位的职责权限而定。须注意的是，在高成本的生活区域，如美国的东北部地区和西海岸地区，职能型员工的基本工资一般超过此范围的上限。

由于一些团队正从公司内部走向独立，向注册理财顾问（RIA）模式转型，职能型人员的基本工资就需要由团队中的合伙人支付。基本工资必须具有较高的竞争力，才能吸引和留住忠诚、高效的员工。此外，也可以对令人满意的工作表现给予绩效工资。如果某员工的整体工作表现令人不满意，应留用察看；如果在下一次年中评估时他没有做出改进，该员工可能会被解雇。

这里有一个例子：如果一个团队某年有 200 万美元的收入，而合伙人给非创收团队成员的补贴工资为 1%，即 20 000 美元（假设这种业绩水平的团队最多可配备 2 名非创收成员）。如果公司发放的基本工资是 40 000 美元，而团队补贴工资是 20 000 美元，那么非创收团队成员的基本工资就是 60 000 美元。

职能型员工的年度奖金

作为薪酬计划的一部分，年度奖金是为了奖励工作表现，年度奖金的发放准则应该是可控的、可评估的，是团队的优先级事项。如第 4 章所述，这部分薪酬基于员工 3~5 个可评估的高优先级工作项目而制定，这些工作项目可帮助团队成员实现目标。这些少数关键目标通常设定以下等级：远远超过要求、超过要求、符合要求、不符合要求。

根据少数关键目标对绩效的评级，确定每个团队成员的总评级，总评级决定其年终奖或年度奖金。总评分中可能有少量主观因素，但这些主观因素在总评级中应该只占小部分，这样才能让团队成员相信薪酬计划是公平的。

年度奖金不是一种权利，它必须通过努力工作来换取。根据某名团队成员的表现和当年少数关键目标的完成情况，可能今年他被授予

FE 评级，明年就被授予 MR 评级。这是让员工保持高效工作的原因：他们不希望被扣工资和奖金。

薪酬的范围取决于团队的规模、非创收团队成员的资历以及其数量。作为一个具有适用性的指南，总评级 FE 代表团队成员的基本工资增加 30%，ER 代表增加 20%，而 MR 代表增加 0~10%。

如果团队成员的平均评级是 ER，那么团队应该另外拿出总基本工资的 20% 的金额放入团队奖金池。例如，如果一个团队有 2 名行政助理，每个人的基本工资是 6 万美元，那么合伙人应该拨出 2.4 万美元（工资总额 12 万美元 × 20% = 奖金 2.4 万美元）作为年度奖金。借用前面的例子，一位行政助理从公司获得了 4 万美元的基本工资，又获得了 2 万美元的团队补贴工资，若其工作评级为 ER，他可获得 12 000 美元的奖金，那么他的总薪酬即为 7.2 万美元。

职能型员工的团队绩效奖金

团队绩效奖金仅发放给非创收团队成员，发放金额由整个团队的绩效决定。团队绩效奖金属于年度分润计划的一部分，如果团队表现良好，奖金池扩充，若表现不佳，奖金池也会收缩（在最糟糕的情况下，可能会取消）。团队绩效奖金应该根据每个团队成员的绩效评级来发放。例如，如果团队规模每年以 5% 的平均速度扩张，而且收入增长率达到每年 10%，则应考虑向团队中的非创收员工发放团队绩效奖金。如果为所有非理财顾问员工设定了高优先级、可控和可评估的目标，评级最高的员工将是团队收入最大的贡献者，他们获得团队绩效奖金的份额也应大于评级较低的员工，这就是"公平但不均等"原则。

团队绩效奖金的目的是激励成员尽其所能为实现团队目标做出贡献，它还鼓励团队精神和个人做出超额贡献。我们合作过的大多数最佳实践团队都设置了一个合伙人/团队奖金池来鼓励团队精神。

团队绩效奖金的例子：

- FE——3 000～5 000 美元。
- ER——1 500～3 000 美元。
- MR——0～1 000 美元。

这里有一个小指南：将 5% 的收入增长额投入团队绩效奖金池中。例如，一个创收 200 万美元的团队收入增长了 10%（20 万美元），那么他们将投入 1 万美元（5%）到团队绩效奖金池中。一个行政助理的基本工资和年度绩效奖金为 7.2 万美元，业绩评级为 ER，他将获得额外的 2 000 美元团队绩效奖金，那么他的总薪酬为 7.4 万美元。

团队绩效奖金不能保证每年都有，这完全取决于团队是否达到或超越年度目标。

职能型员工的加薪

在高度学习公司，为了奖励职能型员工的忠诚和付出，我们建议每年给他们小幅加薪。一般来说，每年加薪的依据是基本工资占总薪酬的比例。最佳实践团队不会通过大幅加薪的方式奖励最好的员工。相反，他们采用的是前文描述的年度奖金评级机制。通常，加薪是由公司决定的，而绩效工资由团队业绩决定，随业绩的变化而变化。也就是说，公司每年的运营成本须包含非创收员工的年度加薪。

留存收益的贡献

留存收益（retained earnings）是团队收入中回馈到业务的那部分资金，最佳实践团队的薪酬通常占年度留存收益的 75%。在最佳实践团队中，一般留存收益占全部收入的 7.5%～15%。例如，如果一位理财顾问年度收入为 50 万美元，他应该可以投入大约 5 万美元（10%）到业务中。在这 5 万美元中，一般可分配 3.5 万美元（约 75%）用于发放团队薪酬。

对于独立展业和在 RIA 渠道工作的理财顾问而言，他们的收入中用于发放员工薪酬的比例应较高，因此需由所有合伙的理财顾问共同承担。独立展业和在 RIA 渠道工作的顾问可获取较高比例的收入提成，因此他们就有更多的资金反馈到业务中。因为非理财顾问员工业务份额占比通常较小，公司一般不能给非理财顾问团队成员提供同行业水平的薪酬，因此只能由理财顾问合伙人自其收入中补贴。

如果一个团队决定让每个合伙人将其收入的 10% 贡献到团队奖金池中，一个高级合伙人支付的金额就会高于初级合伙人支付的金额。

遇见阿曼达

我喜欢用阿曼达的例子来解释高绩效、有经验的团队成员的经济价值。阿曼达是我自己的私人理财顾问的行政助理，大约 20 年前加入了我这位理财顾问的团队，她大部分时间都在为我们家工作。我与理财顾问团队的联系主要是通过阿曼达，她负责协调我们账户管理方面的事宜。例如我的孩子需要向我们借钱，她就负责资金的周转，确保孩子们可以收到款项；发现和提醒我们信用卡存在的欺诈陷阱；检视我们的需求；根据我们的需要设置和关闭账户、解决每一个与账户管理有关的问题。我们的家庭需要很多帮手去做一些行政工作，阿曼达以积极的态度处理所有的细节，我的妻子和孩子们也喜欢她。

从我的理财顾问的角度来看，阿曼达是他的得力助手。她从来不需要直接经手我们的投资账户，只要在每月会面时和我谈谈投资以及目前在财务目标上的进展，她能帮助我的理财顾问专心从事理财顾问该做的三大任务。阿曼达对我的理财顾问的价值有多大？可以说是无价的。因为我的理财顾问深知她的价值，因此给阿曼达高达 6 位数的丰厚报酬，对于我的理财顾问来说，这笔薪酬本身即是一笔极好的投资。

合伙人/高级理财顾问的薪酬结构

在两种情况下合伙人应该愿意对自己的薪酬做出调整：

（1）一个或多个合伙人的贡献远远超出单一理财顾问个人的既定目标。

（2）一个或多个合伙人没有达到目标。

这种做法非常重要，可以激励合伙人尽其所能提高整个团队的绩效和生产力。如果团队的某一合伙理财顾问的薪酬份额定为团队总业务收入增长的10%，无论他做出了多少贡献，他的薪酬的增长都是微乎其微的。例如，可能有某年团队中的一个理财顾问个人产出增长了100%，而其他成员都表现平平，则该成员只能得到团队收入增长10%的加薪。反之亦然，如果一名高级团队成员因为兼任其他工作而不能与团队齐心协力完成自己的任务，却能获得较高比例的薪酬份额，这对那些努力工作并超额完成任务的团队成员是一种打击。

调整团队成员的薪酬份额与我在第2章中描述的接班人计划有关。当一名高级合伙人即将从公司退休时，他的薪资份额将会减少，而其余合伙人的份额将会增加。

有些团队根据业务类型划分了多个理财顾问共享的资金池，但实际上不需要有太多的资金池，因为这可能会造成混乱。

最佳实践团队致力于简化薪酬制度和资金池的份额，以避免混乱、庞杂的划分安排。年底举行的合伙人会议是为了评估每个合伙人的绩效工资，特别是每个合伙人在整个团队中的权重。只要有合伙人认为需要改变当前的安排，他们就可以在会议上提出调整方案。调整方案应该依据绩效，因为绩效与生产性资产的引进和业务增长相关。团队高级合伙人检视该方案，并确定下一年是否应该调整。高级合伙人要愿意接受对彼此的检视，并对是否增加或减少他们的薪酬份额持开放态度。

通常情况下，调整高级合伙人的薪酬是因为接班人计划或要给予初级合伙人更高的薪酬份额。一个最佳实践团队中的资深成员哈罗德，因为年轻成员承担的工作任务较多而自己较少，他就不断把自己的一部分收入分给年轻成员。

在年度合伙人薪酬会议上，可以对接班人计划进行检视，确保业务计划执行，并根据计划调整薪酬和业务。

合伙人薪酬指南

最成功的团队明白吸引和留住高绩效员工的意义和重要性。他们认识到，经过深思熟虑的薪酬计划的投资回报率是非常高的。建立一支拥有忠诚、高效的员工的强大团队，能够帮助合伙人更好地分配任务和专注于最具成效的工作。留住最优秀的员工，就能保证客户群的忠诚度和与日俱增的高产出。

正如我之前提到的，在最佳实践团队中，理财顾问合伙人将他们个人薪酬的 7.5% ~ 15% 贡献给团队作为薪酬预算。例如，如果一个团队的总薪酬为 500 万美元，合伙人获得 120 万美元的薪酬（大多数公司的平均水平是合伙人薪酬占团队总收入的 40%），他将把其中的 12 万美元（10% 的比例）贡献给团队。

顶级团队成员薪酬示例

- **200 万美元收入的团队**。合伙人分到 40%，即 80 万美元薪酬。以 10% 的比例计算，贡献给团队作为薪酬预算的资金是 8 万美元。

第 6 章 团队薪酬 | 083

- 非创收部门1。成员75 000美元的薪酬（基本工资补贴、个人绩效奖金和团队绩效奖金）构成包括公司支付的40 000美元、团队支付的35 000美元。
- 非创收部门2。更高级别或更资深成员的80 000美元薪酬（基本工资补贴、绩效奖金和团队绩效奖金）构成包括公司支付的40 000美元、团队支付的40 000美元。
- 团队工资补贴总额=75 000美元（团队预算在80 000美元内）。

薪酬之外的表彰

表彰团队成员的良好表现是一种性价比极高的激励方式，而通常情况下，这种方式并没有得到充分运用。最佳实践团队清楚地认识到缺乏表彰的报酬是不够的：高收入者喜欢因为努力而受到赞赏。如果一个公平的薪酬计划是蛋糕，那么表彰就是冰激凌，得到其中任何一个都不错，两者兼具的话就更是锦上添花了。

每位合伙人都应该致力于找到表彰优秀业绩的合理方法，而拥有表彰他人的意识最为关键。团队中的高级成员或合伙人采取表彰的方式很多，一些团队最佳实践包括：

- 在团队会议上，用表扬、例子或故事来表彰团队成员，讲述一名团队成员如何为客户提供了出色的服务。
- 给那些解决了大客户的问题的成员赠送礼品卡。
- 在团队成员从业周年或生日时送花。
- 奖励那些挖掘到新客户的合伙人一份高级餐厅的礼券。
- 当为一位老客户或潜在客户制订活动计划和筹备相关事项的工作圆满完成时，为该成员写下一个充满表扬话语的便签。

- 当实现一个里程碑式的目标时，组织所有团队成员聚餐或周末旅行。
- 私下感谢团队成员的出色工作。
- 向其他团队成员发送电子邮件，告诉他们某位成员的工作做得很好。
- 在绩效评估期间分享团队成员的出色工作案例。

团队薪酬的最佳实践清单

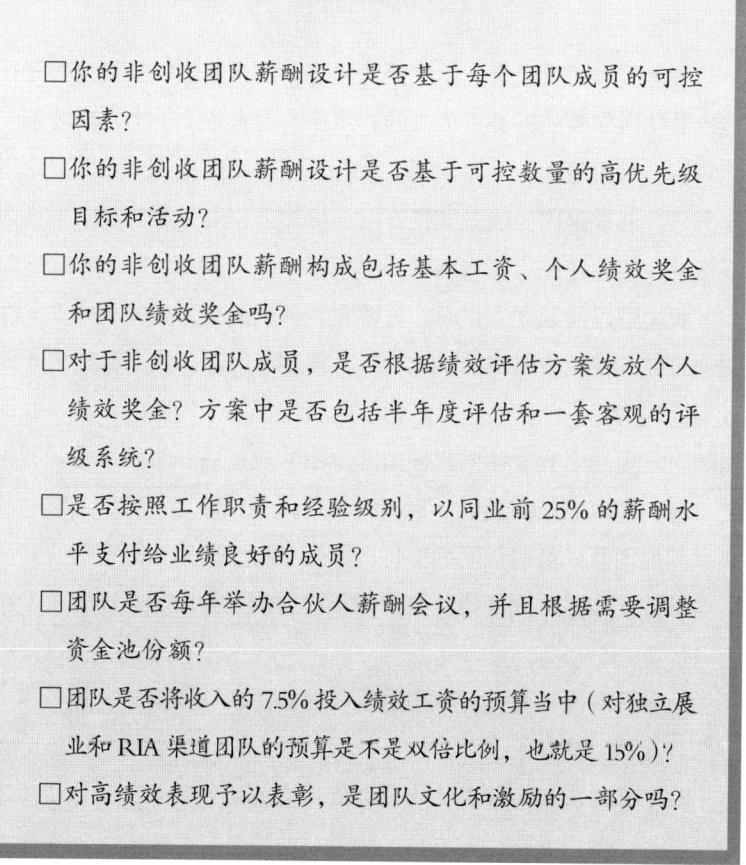

☐ 你的非创收团队薪酬设计是否基于每个团队成员的可控因素？

☐ 你的非创收团队薪酬设计是否基于可控数量的高优先级目标和活动？

☐ 你的非创收团队薪酬构成包括基本工资、个人绩效奖金和团队绩效奖金吗？

☐ 对于非创收团队成员，是否根据绩效评估方案发放个人绩效奖金？方案中是否包括半年度评估和一套客观的评级系统？

☐ 是否按照工作职责和经验级别，以同业前25%的薪酬水平支付给业绩良好的成员？

☐ 团队是否每年举办合伙人薪酬会议，并且根据需要调整资金池份额？

☐ 团队是否将收入的7.5%投入绩效工资的预算当中（对独立展业和RIA渠道团队的预算是不是双倍比例，也就是15%）？

☐ 对高绩效表现予以表彰，是团队文化和激励的一部分吗？

第 7 章　团队沟通

最佳实践团队经常且始终保持沟通，因为它们知道沟通对于团队实现最佳运作模式是必不可少的。当那些有自我驱动力、有才能、有共同目标的人经常在一起沟通，就会有好事发生。一个团队之所以表现出色，通常是因为能做到良好的、持续的沟通，而当一个团队表现不佳时，问题往往出在沟通上。

我记得以前独立工作时，时常觉得孤立无援。如果我卡在某个问题上、在开发客户时遭遇挑战，或者遇到了挫折，我会努力去想解决方案，因为我只能依靠自己。而一旦我成了某个团队的一员，我就可以和我尊重的、有着相同目标的其他团队成员展开头脑风暴。我很清楚，每个团队成员都提供了不同的视角；一旦确定了行动方案，就会得到其他团队成员的认同和支持，让我对自己的决策更有信心。

最佳实践团队内部始终保持频繁沟通的主要原因有以下 7 个：

（1）让所有团队成员都了解团队的愿景和业务规划，并确保他们心里接受这样的愿景。

（2）让所有的团队成员都能够提供有关如何帮助团队持续改进的想法。

（3）确保所有的团队成员都在同一个维度上沟通，并向客户和潜在客户传递一致的信息。

（4）通过对备选的解决方案提出多种观点来帮助团队克服挑战。

（5）让团队成员能够确保每个人都在努力完成自己的工作，他人交付的工作、后续工作都不会被遗漏。

（6）让团队对于制定的决策和解决方案抱有信心，因为它们是由多个值得信任的同事共同商议确定的。

（7）让团队在实现产品、资产和客户相关的目标方面负有责任意识。

沟通就意味着开会

以我对高效运作团队的了解，这些团队通常要定期举行几种不同类型的会议。会议是团队交流的平台。

每日例会

这些会议时间很短，通常在每天的同一时间完成——很多时候是每天早上的第一件事。它们是为处理每天的具体事务而安排的，主要议程也包括查看当天的待办事项：客户检视、重要活动、潜在的客户会议和团队会议。对于合伙人来说，这也是把任务委派给非创收团队成员的机会，同时也可以跟进他们前期委派的高优先级任务。每日例会是理财顾问团队成员的理想时间，这时可以把那些30美元/小时的任务分配给行政事务人员，理财顾问就能全天专注于价值500美元/小时的"三大任务"了。

每日例会通常也被称作"每日立会"（stand up），用来沟通那些战术上的、没有时间坐下来细聊的信息。会议时长一般不超过10或

15 分钟，如果超过这个时长，就会变得拖沓，大家也会对会议中承诺达成的事项失去兴趣。

周度例会

这类会议是团队沟通的基础，也是我所合作过的所有最佳实践团队一直在做的事情。建议周度例会在每周的固定时间举行，所有的团队成员都要参加，同时也强烈建议会议时长不要超过一个小时。

周度例会至关重要。只要确保至少 2 名团队资深成员出席，该会议就不应被跳过或推迟。为了确保每周的团队会议有效，会议必须享有较高的优先级，团队的资深成员也必须把会议放到首要位置上。在高度学习公司，我们注意到，那些没有较强纪律性周度例会的团队，不管初衷有多好，最终都不如那些有纪律的团队表现出色。

我们建议每周一下午开例会。通过周一的会议，团队有了当周的明确方向，列出当周的优先级事项，并回顾过去一周的安排。周一之所以适合周度例会，另一个原因是团队成员周一通常都在岗，可以确保较高的出勤率。强烈建议为团队的周度例会制定书面议程，并且在会后保持跟进。

典型的周度例会主题

事实上，周度例会是团队沟通的基石，如果采用正确的方式、设置正确的议题，就可以完成很多工作。虽然高效运作团队组织的会议有不同的议程，但它们通常包含相同的主题。在为下列议程分配时间时，负责制定议程的人必须将其合理组织，控制会议不超过一小时。这意味着部分议程可能不得不取消，另一些则需要扩充。下面的内容应该被看作议程清单，其中的每个项目至少每月讨论一次。举例来说，当对获客渠道检视完毕之后，当周的市场观点就不必安排进日程；如果检视完当月的业绩或者收购战略，关于服务或者业务的想法就不再讨论。

- **工作日程**。回顾上周的日程表，讨论已达成的任务、未完成的工作以及工作中的心得。同时，讨论下一周的日程，包括工作准备、计划事件以及预期达成的结果。此外，把长假、短假或产假等考虑在内，讨论未来90天的工作日程以及应该采取的具体举措。这部分大约分配10分钟。
- **市场回顾**。由投资决策委员会报告资产配置比例调整、投资组合跟踪、投资策略的调整、市场动态，以及需要加入或剔除出观察列表的基金经理或资产管理人。如果投资决策委员会需要跟踪的事项没有发生重大变化，则不需要每周讨论。大致的时间分配——10分钟，每个月2次。
- **业务观点**。这部分的话题可能引发对市场的讨论，比如在讨论特定的投资观点或资产管理人时。某些情况下，如果市场出现重大机会，就可以以此为契机，建议并发起一场大型的业务活动。最好的做法是，让每位理财顾问轮流分享他们感兴趣的业务想法。这部分差不多分配10分钟。
- **客户检视**。展开讨论那些分配给理财顾问的、团队最重要的前50位客户，并向团队中的其他人介绍这些客户，即便这些客户不是分配给他们的，也要让团队中的每个人对这些客户形成深度认知，这对于客户服务助理的作用尤其明显。这个议程还可以包括对新客户的了解和评估。通常，一次会议重点聊一个客户，在这部分的时间总共不超过5分钟。
- **客户服务**。这个议题应该由行政经理和助理主导，内容涵盖服务要点、挑战和建议。它应该包括服务计划的更新，以及解决团队服务中遇到的重要且未解决的问题。这同时也是分享团队在客户服务中所做的"随机友善服务"的机会，包括回顾最重要的前50位客户的生日或他们生活中的其他重要事件。大致的时间分配是10分钟。

- **业务成果**。这是团队负责人（团队中的在职成员——这个角色是他在基础工作之外的一个附加角色）汇报工作成果与工作目标的部分。这个部分可以作为例会的扩充环节，每月进行一次，检视团队在业务、新增资产、新增客户方面的目标是否达成。在每周例会上，它是一个突出阶段性工作成果的机会，可以让理财顾问和团队中的其他人一同分享。时间分配为如果每月一次，就安排 15 分钟；如果每周一次，5 分钟即可。
- **获客策略**。我们目前专注于采取怎样的获客策略？我们将对谁施予这些策略？这个议题应该每个月，或每两个月安排一次。时间分配为 15 分钟。
- **获客渠道**。这是对潜在获客渠道的快速检视，每个分配过渠道的理财顾问都应该快速汇报情况，同时针对其他人提出的有关维护或终止客户关系的问题进行回答。这是每月一次的正式检视。时间分配大致 15 分钟。
- **团队表彰**。这是一个在团队内部表彰出色工作与优秀成果的机会。团队负责人在其中扮演的角色非常重要，因为他清楚团队究竟获得了怎样的成果，应该怎么给出合适的评价。时间分配为 5 分钟。
- **会议总结**。会议结束时，负责主持会议的团队负责人或理财顾问会问："还有什么问题需要我们解决？"然后他会做一个简短的总结，并号召大家对最重要的事情尽快采取行动。如果总结得当，总能让人感觉振奋人心。这部分分配 5 分钟时间。

● **市场营销会议**

在关于市场营销部门的那一章，我建议团队每月组织一到两次单独的市场营销会议。关于团队获客的议题可以在周度例会中提出，并在市场营销会议上展开。

如果专门有一个人负责控制会议时长并保持会议不偏题，下面的议程模板，可以让会议在一小时或更短的时间内完成。

- **周度例会主题**
  1. **工作日程 ★**

     a. 上周工作日程跟踪——有哪些未尽事宜

     b. 本周工作日程汇总——哪些事项需准备

     c. 未来 90 天日程——将假期考虑在内

     d. 接下来的重要事件

  2. **市场观点**

     a. 根据当前市场条件，哪些地方需要应对和改变

     b. 按揭利率及贷款利率跟踪

  3. **业务观点 ★**

     a. 分享本周可以产生实际业务贡献的观点

     b. 深入讨论投资策略与投资主题

     c. 跟踪可能产生的业务机会

  4. **业务成果 ★**

     a. 目标与当前进度

     b. 个人绩效表彰

     c. 庆祝工作成绩

  5. **客户检视**

     a. 一位重要客户分享

     b. 需要重点了解哪些客户

     c. 需要更好地了解哪些客户的孩子

     d. 新客户检视

  6. **客户服务**

     a. "随机友善服务"案例分享

b. 服务要点、挑战和建议

　　c. 客户生日、重要交流场合

7. **获客渠道**（可选——可以在市场营销会议上讨论）

　　a. 当前渠道跟踪

　　b. 渠道开拓及责任人

　　c. 新增渠道

8. **会议总结** *

　　a. 是否有补充事项

　　b. 团队负责人总结、创想、激发行动

* 指必须包含的基本项目

战略会议

　　这类会议的目的是关注团队的大局和战略计划。与每天或每周的例会相比，它在战术层面的东西要少得多。多数最佳实践团队每半年召开一次战略会议，所有的团队每年也至少需要召开一次这样的会议。

　　战略会议的目的是通过执行业务计划来实现团队愿景。在这个时候，团队将设定本年度目标、确定最高优先级事项、确定招聘需求，以及制定预算，包括奖金池。他们在会上回顾团队最近哪些地方做得好，哪些做得不好。战略会议上最重要的问题是："我们应该怎样才能做得更好？"随着时间推移，团队所做的每个细节上的改进，都将促使它们最终成为一流水准的团队。这也是赞赏团队优秀成员的理想时间，会议应该在工作职场之外举行。对于年中会议，建议举行半天，年度会议则举行一整天。

　　我为战略会议准备了一份书面议程，其中包含了大多数优秀团队所使用的议程内容。

- 年度及年中战略会议议程
 1. 业务计划的检视与更新
 2. 上一周期的目标与结果
 3. 服务模式——我们应该怎样让它变得更好
    a. 管理和操作流程
    b. 惊喜时刻
    c. 我们怎样提升
 4. 获客策略
    a. 获客渠道梳理
    b. 获客目标
 5. 投资决策委员会对明年的展望与策略
 6. 业务资源
    a. 团队新成员
    b. 下一年度预算
 7. 未来一年的时间表
 8. 我们可以怎样做得更好
 9. 最大的得与失
    a. 有哪些经验教训
 10. 客户检视
    a. 是否有需要舍弃的客户
    b. 是否有需要聚焦的客户
    c. 确认最具发展潜力的客户
 11. 优先级最高的工作事项
 12. 达成一致

投资决策委员会会议

我交流过的许多最佳实践团队都有每月举行一次投资决策委员会会议的惯例。这些会议的目的是确定和跟踪团队的投资管理政策和策略。高级合伙人和投资分析师（如果团队有此职位）通常会出席会议，以检视当前的资产配置、投资决策变更、资产管理人变更、核心投资组合的整体表现，以及需要时与团队其他成员交换投资观点。该会议的纪要将在周度例会上与整个团队一起进行检视。投资决策委员会的会议时长通常是一个小时。

如何组织一场会议

没有什么比一场高效的会议更加富有成效，也没有什么比一场无效的会议更浪费时间。假如会议组织得不好，各种议题就会随性发散，超出规定时间，让太多的时间浪费在非正式的、无关的话题上，或者会议出席率很低，然后因为浪费时间而推迟或中断。

最佳实践团队应遵循以下原则，以保障会议节奏紧密和富有成效：

（1）制定正式的书面议程，并严格遵守议程。

（2）指定一名高级合伙人担任"警卫官"，负责保持会议正常进行，并防止团队成员偏离正题。

（3）整个会议和其中的每个议程都应该有时间限制。

（4）在会议开始之前，行政团队应向每个成员询问他们想要涵盖的议程内容，并把这些内容列入相应的议程，在会议前下发。

（5）团队资深成员轮流负责组织会议。

（6）鼓励每个团队成员承担和组织一部分的议程内容，根据上一次的会议要求，跟踪当下各个事项的进展。

（7）非创收团队成员做纪要，并在会议结束后发送给所有团队成员。

回忆起我和我的团队早先的经验，我认为当时最具价值的"最佳实践"，即是良好的内部沟通。我和我的搭档在每周六见面，有时在我们家里，有时在办公室，有时在餐馆，我们总会在这天见面。我们没有正式的议程，但我们交流的内容却总是可以固定地涵盖工作日程、业务观点、获客策略以及客户服务。关于我们如何做得更好，也总能有新的想法。

在业务实践中未能建立正式内部沟通机制的团队，会错过"团队"的巨大优势。最好的团队一定是始终保持频繁沟通，而且有纪律的。这并不意味着团队成员之间的非正式沟通是没有价值的，但它一定是不够的——管理架构和岗位职能意识的存在，会让内部沟通的内涵变得不同。

团队最佳实践之沟通清单

☐ 团队是否有简短的每日例会来检视高优先级项目？
☐ 团队是否有一个定期的周度例会，且要求所有的成员都参加？
☐ 周度会议是否有纪要并分发给所有的团队成员？
☐ 团队有投资决策委员会吗？委员会定期开会吗？
☐ 团队有半年一次的战略会议吗？
☐ 周度例会议程是否包括以下内容？
　工作日程。

市场动态。

业务观点的交流。

业务成果及与之相应的责任人达成一致。

客户检视——对某一位客户的深度分享,以及关注新客户。

客户服务——最新进展、挑战和成效。

潜在获客渠道。

第 8 章　最佳招聘实践指南

安排合适的人来做合适的工作，是一个团队所能做出的最重要的决定。回顾此前在美林证券从做部门经理及后来作为合伙人加入高度学习公司的经历，我可以毫不犹豫地说，我的成功源于知人善用。说到底，团队的整体表现最终还是取决于其中的每个人。团队的管理者应深思熟虑的最重要的问题是何时招聘、招聘什么样的人，以及团队还有哪些地方需要加强。

每当团队中有新成员加入，都应该确保这个新人具备与团队一致的职业价值观。从很多方面来说，一个金融服务团队就像一场婚姻，那些拥有长久圆满婚姻的人会告诉你，拥有相似的价值观是婚姻中的黏合剂。因此，就像选择合适的人结婚一样，选择新的团队成员也应该基于一致的职业价值观。职业价值观的内涵包括职业道德、服务承诺、同理心、协作精神、态度积极和为人友善等。

关于招聘和解聘的经验

在过去的 30 年里，我所学到的最重要的经验之一就是招人要慢、解聘要快。多数金融服务团队一开始人手都不多，新成员的加入可能对团队的日常工作产生重要影响，因此，我建议实施一个计划周全的招聘流程。

我所交流过的顶尖团队都拥有完善的招聘流程，大体包含以下步骤：

（1）对每个候选人进行多次面试并加以筛选，然后深度面试。
（2）让多个团队成员进行面试，获取不同视角的看法。
（3）寻求其他参考意见，并且跟进这些意见。
（4）关注候选人过去取得的可量化的成绩。

然而，无论招聘流程多么周到和彻底，还是会有差错。这些差错通常可以在新成员加入团队的90天之内被发现。适当的培训和拓展是必要的，但如果新成员与团队的职业价值观不符，就应该终止聘用他。糟糕的雇员极具破坏性，而团队中只要有一个这样的员工存在，就应该快刀斩乱麻。

每一名新的团队成员都应该知晓，90天试用期的制度决定新员工是否适合这个岗位，并且这个制度应该严格执行。让所有新成员从一开始就知道团队对他的期望是什么，这样一来，如果没有达到要求，他就不会感到意外，也会确切地知道后果。

何时启动招聘

确定招聘时机是团队可以做出的最重要的决定之一。多数时候，决定招聘方案需要做出财务上的承诺，如果做得对，也会有可观的投资回报。团队增员可能是一个代价高昂的决定，但找到能够匹配团队需求的新人通常是一笔划算的投资。

在评估团队是否需要招聘额外的成员方面，我建议执行以下步骤。

- 为团队写一份书面的岗位职责清单：建议让每个成员撰写自己的部分。然后，团队应该评估这些工作内容是否能够覆盖团队的所有需求。如果目前的工作内容已经完全能够满足需求，或者已经满足团队的大部分需求，就应该考虑推迟招聘。

- 让理财顾问记录一到两周内他们所花费时间去做的非核心工作。理财顾问应该专注于开发和实施团队的财富管理流程，维护最重要的前50位客户，进行潜在业务的开拓，其他一切都应该被忽略。当理财顾问记录了日志，他们的非核心工作都可以整合成一份工作明细。如果现有的非理财顾问团队有余力完成这些工作，这些非核心工作应该交由他们来做；如果没有余力，就需要通过招聘新人来解决。这么做的理由很清晰：如果理财顾问团队可以将每小时30美元产出的工作交付出去，让他们以同等的时间去做每小时500美元产出的工作，那么最后相当于每小时额外创造了470美元的附加价值。

- 团队相信自己有能力将业务提升到更高的水准，并决定招聘额外的人力来支持未来发展。我在亚特兰大合作的一位高级顾问亨利·坎普（Henry Camp），就是一个很好的案例。亨利和他的团队希望能够在3年内实现业绩翻番，但也意识到现有的人力无法支持他们快速增长，于是他招聘了一位额外的业务管理人员来支持预期的增长，此后他的团队提前完成了目标，这项投资得到了回报。

- 团队需要一名客户经理来维护那些小客户，从而让理财顾问团队有更多精力去服务更好的客户，以及从事业务拓展。

- 团队决定增加一名新的理财顾问来填补他们在接班人计划中需要的名额，或者填补团队中的岗位空缺。

招聘什么样的人

一个团队在增员时需要考虑的事项如下所述。

聘请经验丰富的理财顾问

这通常是一名能够独立工作且颇具实践经验的从业者，团队相信这个人的到来会为团队带来增益。高潜力的理财顾问将能强化管理工作上的支持，并且能够与拥有更多资源的更大的团队合作，从而形成双赢局面。现有的团队可以借此机会提升业绩。或许原来团队并没有确定是否需要增员，但就这种情况来说，它们则可以利用好这个机会。假如这名理财顾问符合团队的预期，团队的合伙人可以通过慷慨的奖金分配来奖励他的贡献。

举例来说，卡尔是一位有 25 年从业经验且在更大的团队中拥有过成功经历的理财顾问。经过多年的观察，他发现斯科特的工作习惯不错，早先也颇有一些成绩。卡尔当下并没有扩充团队的需求，但他对斯科特印象深刻，决定为他安排一个工作岗位。今天，卡尔会告诉你，这是他做过的最明智的决定。斯科特充分发挥自己的业务拓展能力，并且放大了卡尔的专业与经验带来的业务价值。自斯科特加入以来，卡尔团队的产能增长了两倍，双方也非常认同彼此。卡尔认可斯科特的贡献，并与他分享了团队一半的股权。

接班人计划

所有高效运作的团队都会及时制订接班人计划。行业统计数据显示，未来将有大比例的理财顾问进入退休期，接班人计划的需求从未如此迫切。团队中的高级成员需要确定谁将在他们退休后接管他们的业务。如果团队里没有年轻的理财顾问，他们就需要主动去寻找。对于不太资深甚至是更加年轻的理财顾问来说，能在此时接管业务，也将成为一个颇具吸引力的选择。

下面的场景清晰地说明了接班人计划的重要性。道格今年 62 岁，在过去 42 年里取得了非常好的成就。他是团队中唯一的理财顾问，并且已经决定在未来 4 年内退休。这促使他寻找一位年轻的理财顾问来接班，好在他退休时接管业务。他寻找并访谈了许多潜在的团队成员，最后找到安东尼。安东尼比他小 15 岁，已经在工作上有所作为。更重要的是，安东尼与他拥有一致的职业价值观，并且拥有业务拓展能力，这是道格认为对团队成功至关重要的能力。道格为安东尼安排了一个职位，并制订了两人在未来 4 年中的协同工作计划。道格还聘请了年轻、极具潜力的理财顾问阿米莉娅负责客户管理和业务拓展。安东尼和阿米莉娅将辅助道格完成最后 4 年的工作，然后联合接管他的业务，这种安排对于他们来说是双赢的。

扩展团队的产品和服务

在某些情况下，团队会根据扩展产品与服务线的需要来做出是否招聘的决定。我们的行业已经从传统的证券经纪走向全面的财富规划，任何团队都需要补充专业知识。随着客户基数越来越大，这一点变得越发重要。

如果一个团队需为客户提供全面的账户规划，但团队里没有代际规划、风险管理或负债管理方面的专业知识或人才，则该团队可以将这部分工作外包出去，或者增聘一个具备这些专业能力的理财顾问。例如，布瑞恩在信托和代际规划方面拥有广泛的经验，且被美林证券聘为信托专家，他被视为理财顾问的最佳后备人选。有一个拥有丰富的高净值客户资源且经营十分成功的团队，迫切需要拓展信托与代际规划方面的专业人才，因此找到了布瑞恩，为他提供了一个理财顾问的职位。多年来，布瑞恩对该团队的业绩产生了积极而重要的影响。后来，布瑞恩成为该团队接班人计划中的一员，而且晋升成为团队的合伙人之一。在他的协助下，该团队已经成为行业中最高产出的团队之一。

业务拓展

每个高效运作的团队都需要一个业务营销部门。在某些情况下，高级顾问没有开拓新业务的动力，因为他们没有多余的时间、技能或兴趣去高效地获取新的高净值客户。他们时常面临以下抉择：要么花更多时间积极主动地从事业务拓展，要么就需聘用专注市场营销工作的新团队成员，以获取新的高净值客户。

通常而言，高级理财顾问会寻找年轻的理财顾问来担任业务拓展的角色，但这种做法大多时候是错误的。年轻的顾问很少有足够的自信和魄力赢得高净值客户的青睐，而成熟的团队通常也不需要太多小客户。此种情况下更有吸引力的选择是，增聘有经验且乐于扮演"猎手"角色的新团队成员，他享受为团队带来新业务的过程，而不必专业深入地为新客户制定和实施财富管理流程。这又是一种双赢：负责业务拓展的理财顾问可专心做他想做的客户拓展业务，而把其他任务分配给他人去处理。团队如果没有营销部门，则可以借此时机成立一个。此外，团队也必须愿意慷慨地与有效进行业务拓展的理财顾问进行业绩收入分成，否则一般理财顾问可能宁愿独立工作，自给自足。

在成就双赢这方面，约翰是一个很好的案例。作为一个独立的从业者，他享受业务拓展的过程，但因缺乏对客户的服务能力和对业务的组织能力，他的潜力不能得到有效发挥。一个成熟的团队因未达到业绩增长目标而选聘了约翰。现在他唯一的任务就是把团队的资深成员引荐给高净值潜在客户。团队很慷慨地分给约翰25%的业绩提成。这部分提成相当于100万美元的产出，大大超过他单打独斗时的水准。团队衡量约翰的贡献时不仅考虑他的实际产出，还根据他每个月在团队会议上分享的渠道拓展经验和质量进行综合评估。自从聘用约翰以来，团队每年都能完成或超额完成目标。

在受薪雇员和理财顾问之间做出选择

当招聘一位客户经理来维护资产规模较小的客户时，团队应将他视为理财顾问，分他一部分股权，还是应将其当作受薪雇员对待？我的建议是，如果团队感觉不确定，则应将其作为受薪雇员招聘进来。股权是最昂贵的薪酬支付形式，在引进新人并需要决定是将他安排成理财顾问还是普通受薪雇员的时候，团队需要回答的最重要的问题是："他能否为团队带来百万美元资产的新客户？"如果他可以做到，就作为理财顾问引进；如果不行，就应该作为受薪雇员。

举个例子：如果团队的产能是 300 万美元，并且将 10% 的业绩计为客户经理的贡献，那么他的实际报酬可能是 10 万美元（30 万美元的 33%）。5 年后，如果团队的产能增长到 600 万美元，那么客户经理的报酬就是 20 万美元（60 万美元的 33%）。然而，如果团队把他当作受薪雇员，以基本工资和奖金的形式支付给他 10 万美元，就算工资和奖金以每年 5% 的速度增加，5 年以后支付的总薪酬也只需 13 万美元——对于一位客户经理来说，这已经是非常慷慨的酬劳，而相比他作为股权合伙人拿到 20 万美元，还节省了许多。

等团队成员成功开拓百万美元资产的新客户时，作为接班人计划的一部分，可以将其从受薪雇员晋升为理财顾问。反之，把一个理财顾问转为普通受薪雇员，显然要困难得多。

聘请一名客户经理

将较小的客户分配给客户经理是很常见的情况。把最重要的前 50 位客户之外的小客户交给客户经理去维护，可以让理财顾问更专注于为客户提供高水准的日常联系与服务。理财顾问只有集中精力服务最具忠诚度的客户，他才能从现有客户那儿获得更多的推荐客户，从而拓展钱包份额，吸引外部资产的流入，最终享有更高的客户资产留存。客户经理事实上是对团队的财富管理流程的重要补充。建议以受薪雇员身份招聘客户经理，给出 7.5 万~12 万美元的薪酬。分配给客户经理的合理工作量是 120~150 户家庭客户，虽然存在能维护更多家庭客户的客户经理，但服务质量可能会打折扣。当一名客户经理的服务对象超过 150 户，就应该考虑增聘另一名客户经理了。

我经常把招聘客户经理比作航空公司的模式。航空公司非常了解该怎么奖励它们最好、最忠诚的客户，同时也擅长处理跟小客户之间的关系。最忠诚的顾客会得到升级头等舱、快速登机通道、免费托运行李的权益，并在机场获得免费贵宾室的会员资格。等级稍低的客户，可以享有更大伸腿空间的座位，也可以优先登机。那些不常坐飞机的旅客，则只能订到机舱尾部最小的座位，最后登机，也享受不到额外的优待。如果把这套模式运用到我们的业务上来，那么头部的 50 位客户就是理财顾问的尊贵客户，得到最高级的礼遇；重要性次之的客户就分配给客户经理，享受经济实惠的服务；最小的客户要么被疏远，要么只能得到最少的服务。所有的客户都应该获得最基础的服务，但小客户如果选择离开或者换个愿意提供低成本服务的理财顾问，团队的业务不会受到太大的实质性影响。

聘请新的理财顾问

正如我之前提到的，需要认真考虑引进的新员工是作为受薪雇员还是股权合伙人。在某些情况下，如果此人有能力为团队带来百万美元的客户，那么增加一个没有经验的新理财顾问作为团队的小股东是有意义的。许多团队在聘请新理财顾问时出错，因为他们希望新聘的理财顾问可以在新业务上有所作为，特别是当前的理财顾问不愿意做的业务拓展。如果希望团队业务增长，每一位理财顾问都必须致力于业务拓展。对于一个成熟的理财顾问团队而言，它们最不需要的就是小客户，实际上，它们应该做的事情正是逐渐疏离那些小客户。

可以带来数百万美元以上资产的新理财顾问不应该承担其他方面的职责。很多团队聘请了新的顾问以后，会把小客户、账户规划和一些管理工作交给他们。如果他们的职能重心不在业务拓展上，就会被其他各种事务牵制。在理财顾问的所有职能中，业务拓展事实上是最具挑战性的业务，因为拓展业务的过程中被拒绝几乎是不可避免的。

也有一个显著的例外：当新理财顾问作为接班人计划的一部分加入团队时，其主要职能不是业务拓展。新的理财顾问扮演某种特定角色——准备接管部分业务。在这种特殊的情况下，这位新理财顾问很可能是团队中老一辈成员的孩子。

如果新理财顾问有能力获取新的富裕客户，就应该早点给予他认可和赞赏，否则团队可能因为别的团队给出了更高的薪酬而失去此人。一个很好的例子是，职业运动员拿着基本工资，只有他可以证明自己的能力时才能提高薪资。如果他成为明星运动员，那么团队在与他续签时必须支付溢价，否则只能将他拱手让给其他团队。

聘请行政人员

如前所述，如果理财顾问被非核心工作缠身，而且这些工作也无法指派给现有的行政人员去做，这时候就应该增聘新的行政事务人员。有些高绩效团队为最有经验的行政人员配置初级行政助理。高级行政人员需要致力于为最好的客户提供优质的服务，而将许多日常运营层面的工作交给初级助理，以便集中时间和精力在最好的客户身上。

如何招聘

根据我在美林担任经理时招聘过 500 多名员工的经验，我的结论是：判断一个人未来是否能成功的最好指标就是看他过去是否成功。我相信强者恒强，如果一个人在过去的职业生涯中都展现出稳定的成功状态，那么他的成功很可能会持续下去。一个高效运作的团队需要一些超额完成任务的人，因为他们的成就总能超乎预期。

基于个人业绩成就的招聘标准应该适用于团队中的每一个职位。无论团队成员的岗位职责为何，或者团队成员需要担任何种角色，过去的成就都是衡量未来表现的最佳标准。采用这个法则可大大提升做出正确招聘的概率。候选人过去取得的实际成绩越多越好。

过往业绩是可以量化的，这一点也很重要。示例包括：

- 在做同样工作的同事中，他们的排名如何？
- 他们过去的绩效评级结果是什么？
- 有哪些具体的成就？
- 有哪些超额完成任务的实例？

面试中的最佳问题

当我面试求职者时，我会使用一系列问题去评估他们未来成功的可能性。多年来，我总结出的最佳面试问题是：

我希望你和我分享你的故事，以及你认为在你的职业生涯中的关键成就，这些成就应该是可量化的。这是一个开放性问题，你获得的可量化的成就越多，你应聘成功的可能性就越大。

以下是许多顶尖团队面试时使用的一些问题和可能的答案：

- 你一生中感到最骄傲的事情是什么？一个好的答案应包含具体的成就。
- 你最大的成就是什么？一个好的答案应包含在工作中实现的一到两项具体的成绩。
- 如果可以选择，对你来说什么是完美的工作？这个问题可以用来确定当前的工作机会与求职者想要的工作类型是否吻合，面试者也可以了解求职者对于未来的期望。
- 在过去的两三份工作当中，你喜欢什么，不喜欢什么？这个问题可以洞察应试者的态度，看到该岗位是否适合他。
- 你对理想的职业生涯的愿景是什么？同样，通过这个问题可以看出求职者的抱负、这种想法是否实际，以及团队是否有可能实现他的抱负。

如何找到新的成员

一旦团队确定招聘需求，就应该制定一份书面的岗位职责说明。当这份说明完成后，团队应该通过以下步骤找到新的团队成员：

- **提拔现有的团队成员**。你要找的人是否已经身在团队中，但处于较低的位置？
- **家庭成员**。团队成员的成年子女可能符合条件并且有兴趣加入团队。我认识的许多合伙人都已经把他们的子女带到了理财顾问的岗位上。
- **线上招聘**。网络上有很多招聘渠道，这些渠道的招聘成本比本地报纸要低。领英（LinkedIn）是一个不错的线上渠道。
- **线下招聘**。大型的金融服务机构会通过线下网点收取潜在候选人的简历，并对简历进行审核。

- **其他员工**。分支机构里可能会有本团队以外的员工适合作为潜在候选人。
- **客户**。其实这是一块很好但尚未被充分挖掘的资源，团队可以将书面的招聘说明提供给客户，询问他们是否认识适合这个职位的人选。
- **大学毕业生**。应向当地的大学、研究生院和职业学校提供招聘说明，这些地方的毕业生可能是合适的候选人。
- **专业人士**。作为团队工作关系的一部分，注册会计师、律师都可以作为联系人，推荐初级或中级雇员。他们认识的其他注册会计师、律师也可能是客户经理或财务规划专家岗位的优质候选人。
- **服务行业从业者**。团队成员在日常生活中与各行各业的服务商打交道时，应该注意潜在的人选。我记得曾招聘过一位在诺德斯特龙（Nordstrom）百货公司卖西装给我的销售助理，他后来成为一位出色的理财顾问。
- **批发行业从业者**。这是另一块未被充分利用的招聘资源，批发商的业务范围很广，与来自其他金融服务机构的从业人员可能有接触。

培训新员工

聘请一名合格的候选人却不给予恰当的培训，可能会毁掉他的成功。好的员工应该接受良好的培训，这样他成为优秀员工的可能性就会大幅增加。除完善的招聘流程之外，团队还必须有良好的培训方案。提前在培训上花足时间是团队对新人的最佳投资。

有效的培训方案至少应包含3个部分。

- **书面的培养计划**。书面计划应该包括针对新员工的具体培训方案，责任和期望都应该在其中明确。该方案应该包括每周一次的培训会议安排，并且给新成员提供追踪、观察所属团队的机会。此外，为新成员提供一份达成工作目标所需要掌握的技能清单、时间表以及相应的指导，并说明哪些人负责确保这些技能的掌握。
- **每周的培训会议**。新员工应该每周与其工作汇报对象召开一次会议。这样主管就可确认工作职责、释疑解惑、提供指导并检视绩效。每周例会也可以用来讨论新员工自上次会议以来所面临的新挑战。负责培训的团队成员应注意新人表现较好的地方，并留意哪些地方需要改进。了解新员工对其本身工作的感受也很重要，要为他提供坦率反馈意见的机会，尤其是在入职后的90天内。最好的培训技巧之一是在每周例会上分享适用于新员工岗位职责的案例。
- **工作见习**。新员工可以跟随他的汇报对象实地学习。这样他就有机会观察一位经验丰富的团队成员如何开展工作。例如，一名新的客户经理可以观察一名资深的团队成员如何进行客户检视，并在检视完成后一同向理财顾问述职。

招聘清单

☐ 团队是否制订了新成员招聘方案？

☐ 团队是否为每一岗位制订培训方案，包括书面的培养计划、每周的培训会议以及安排相应的工作见习？

☐ 团队是否有必要增加一名有经验的理财顾问？

- □ 是否已经决定新成员的身份？是受薪雇员还是理财顾问？
- □ 需要一名客户经理吗？
- □ 需要增聘一名没有经验的理财顾问吗？
- □ 是否所有的理财顾问都专注于三大任务？团队是否可以将非核心任务都交由其他人来做？
- □ 团队是否有评估新员工工作表现和工作态度的90天试用期？
- □ 是否已为团队中的各个工作岗位开拓了新的招聘渠道？
- □ 团队是否仔细分析过需要哪些角色来扩充团队的业务，以及需要引进哪些类型的新成员来填补这些角色？

第 9 章　产品：世界一流的服务

一个高绩效团队能够为客户带来极大的价值。然而，如果不能明确地给客户创造价值，团队将永远无法充分发挥其潜力。这就是一个高绩效团队必须为潜在客户和现有客户提供世界一流的财富管理服务的根本原因。此外，团队能够清晰地向客户介绍这一服务也同样重要。

我采访过的顾问都在强调为客户提供优质服务和建立价值主张的重要性。相比于独立顾问，对于团队来说，提供出色的服务并将其清晰地呈现给客户是一项更加复杂的任务，尤其需要确保所有团队成员都站在同一立场上。只有这样，团队的服务才会比独立顾问的服务更加有竞争力。团队往往拥有更多的资源、更多的综合经验，以及更丰富的技能和专业知识，因此应有更多提供优质服务的机会。

经过精心策划的服务能够帮助团队获取新客户。如果团队希望得到客户转介绍，必须确保现有客户清楚地理解团队的财富管理服务并且能够分享给其他人。如果客户告诉他的朋友"你可以和我的顾问聊聊，他的服务非常棒"，仅仅这么做并不能促使他的朋友更换顾问。然而，如果客户能够对他即将退休的朋友说"你可以和我的顾问以及他的团队聊聊，他们非常擅长帮助客户管理退休后的现金流"，这为潜在推荐客户转化为实际客户打开了窗口。

在高度学习公司，我们引进了一项团队最佳实践。我们雇用了一个咨询公司，负责探访我们团队的每个成员，调查我们团队的每一个成员向客户提供了哪些价值以及如何实现差异化竞争优势。该咨询公司随后分析调查得到的信息，将评估结果分为两个大类：

（1）我们团队的所有成员过去都曾担任过理财顾问或者理财顾问主管，这些丰富的经验使我们有别于竞争对手。具体来看，经验层面的优势提升了我们的信誉度，让我们更有能力与客户建立紧密联系。

（2）我们提供规范化的、战术层面的和基于实践的培训，而非局限于说明"为什么"需要完成任务。我们的优势在于能够聚焦有效策略的执行。

咨询公司立足于我们的两大差异化竞争优势，协助我们制定价值主张。当我们确立了成熟的价值主张，便立即将其融入我们的市场营销材料、官方网站和社交媒体站点。更重要的是，我们团队的每个成员都已充分理解这一价值主张，并将其有效传递给潜在客户和现有客户。我们永远站在同一立场上，而这已经变成了我们团队的基因。

设计世界一流的服务

我们相信要提供世界一流的服务必须建立五大基石：

（1）信任。
（2）客户尽调流程。
（3）基于目标的规划和投资。

（4）投资决策和流程。

（5）客户检视。

这五大基石必须纳入考虑范围并且以高质量的形式持续传达给客户。如果能做到这一点并且凭借团队的价值主张将服务描述清楚，你的团队将会获得显著的竞争优势。

本章的剩余部分将围绕如何将这些核心基石融入团队实践这一问题，为读者提供一些指导。理财顾问团队的服务也可以包含其他元素，但需明确这五大基石是构建世界一流服务的基础。

信任

信任是打造优质团队服务的基础。如果客户与团队之间缺乏信任，则诸事难成。信任基于3项核心要素：

（1）**道德行为**。这是最基本层面的信任。客户有意识和无意识地评估他们的顾问是否言出必行。如果顾问能够做到言行一致，这种信任就会随着时间而积累。

（2）**专业技能**。专业技能代表客户对理财顾问团队能够指导他们实现财务目标的信念。一个形象的比喻是：假设你乘坐一架飞机，你是否相信飞行员能够将你安全地送达目的地。

（3）**参与客户的重要时刻**。这一层次的信任主要取决于客户是否相信他们的顾问深切关心他们和他们的家人，并且尽全力帮助他们实现财务目标。

针对每一项要素，顾问必须取得与客户之间最大程度的信任。以下是团队与客户之间建立高度信任关系应当采取的必要措施。

- 充分沟通，持续与客户的联系并及时回应客户的需求。团队客户流失的首要原因是缺乏沟通。
- 持续提醒客户，团队的各类方案与客户的状况紧密匹配，一如初始建立客户关系时所做的那样。
- 在开展年度客户检视时，告诉客户团队一直保持着专业能力的提升，与客户分享团队成员取得的成就，增加客户对团队的信任。
- 深入开展客户教育，帮助客户了解财务问题和解决方案。
- 邀请其他专家（如注册会计师和律师）参与制订、执行财富管理方案。
- 强调团队的专业技能和经验。
- 在年度客户检视期间，准备好团队的议程项目，通过该议程向客户展示团队在不断地提高专业能力。
- 在年度客户检视期间，向客户展示团队的议程项目，询问客户希望团队如何改善服务、询问客户认为团队在哪方面做得最好。

与此同时，团队需要避免可能损害客户信任的行为，包括：

- 频繁改变团队的行为方式。
- 缺乏沟通且不能及时回应客户需求。
- 定价不透明，产品的价格与其价值不匹配。
- 在客户检视、回应客户需求和解决客户问题的过程中缺乏准备。
- 无法做到言出必行。

与新客户建立信任关系至关重要：信任的建立代表客户关系的质量。以下是一些增强新客户信任活动的最佳实践。

- 依据角色和职能有针对性地向客户介绍团队成员，提供相关认证或证书以显示其专业技能。
- 对新客户开展投资者教育。投入额外的时间帮助客户了解适合他们的投资方案。向客户解释你认为能够实现客户财务目标的最佳策略及其可能带来的利弊。
- 在引进新客户的过程中，描述团队能够提供的客户体验，包括服务模式承诺、客户沟通、关系管理流程和客户检视流程。
- 讨论你的团队对后续专业发展的承诺以及怎样惠及客户等问题。

与对待现有客户一样，团队需要避免损害新客户信任的行为，包括以下几点。

- 在新客户引进过程中，过度承诺或者不管理客户预期。例如，忘记做必要的备案工作或者向客户频发要求他们提供更多备案材料的打扰信息。
- 过早提供不适当的客户体验。例如，跳过深度尽调流程，直接指导客户"如何开展投资"。
- 差劲的倾听技巧，在讨论过程中不充分听取和考虑客户关系的方方面面。
- 无法提供持续稳定的客户体验。

客户尽调

深度的客户尽调可以明确客户关系。尽调流程包括早期与新客户建立信任关系并确认是不是合适的业务机会。如果在客户尽调的过程中确认这不是一个合适的业务机会，团队最好放弃这次业务机会并且将这个潜在客户推荐给更适合的团队。

深度客户尽调帮助团队确立客户目标、风险承受能力、规划与投资策略并提供呈现团队价值主张的机会。深度客户尽调的其他好处还包括建立双方关系的基本规则，例如客户与团队之间的双向预期。另外，深度客户尽调可以帮助团队明确该类客户和业务是否适合去拓展。

世界顶级客户尽调流程可定义为6个步骤：

（1）举办面对面的客户尽调会议，并同时邀请一家之主及其配偶参加。另外，团队其他成员应当到场，显示你们是整个团队而非独立的从业者。

（2）一个理想的客户尽调会议大约在1~2小时。会议的时间和复杂程度视客户情况而定。多数会议时间（80%）应用来获取对客户情况的全面了解，剩余少量时间可安排用于解释团队的财富管理价值主张。如果理财顾问团队占用大部分时间进行发言，那此次尽调会议对于客户而言更像一次宣讲，团队可能因此会失去这一客户。如果由客户参与大部分的发言，团队则会赢得客户。

（3）对四大问题开展全面讨论：
- 为什么你想赚钱以及金钱对你来说意味着什么？
- 你希望你的财富能为你做些什么？
- 你对资金的顾虑有哪些？
- 你对投资的担忧有哪些？

（4）尽可能了解客户的投资历史。

（5）讨论什么是安全资产和风险资产。

（6）研究与讨论波动风险、投资组合波动和生活方式风险，以及现金流短缺等问题。

客户尽调会议采访指引

1. 客户关系
   - 告诉我你自身和家庭的情况。
   - 你家人的一般寿命是多少?
   - 哪种家庭关系(配偶、孩子、兄弟姐妹、父母)对你来说最重要?
   - 你在家庭中是否有特殊需求?
   - 与同事的关系对你来说有多重要?
   - 与所在社区人员的关系对你来说有多重要?
   - 你的宗教信仰是什么?宗教关系对你来说有多重要?
   - 你上过的学校有哪些?你与这些学校之间的关系对你来说有多重要?

2. 目标
   - 你想用你的钱来做什么?
   - 当谈及钱和你的财务状况时,你担忧的是什么?
   - 你为你的孩子做了些什么(或者想做什么)?
   - 你为你的父母做了些什么(或者想做什么)?
   - 你为你的其他家庭成员或者亲密朋友做了些什么(或者想做什么)?
   - 你所期望的高质量生活应当包括哪些东西(房子、游艇、第二套住房等等)?
   - 你的职业目标是什么?
   - 你期望什么时候退休?你希望退休后的税后月收入为多少?
   - 你将如何获取这些收入?
   - 当你退休时,你最期待的是什么?
   - 你是否有一些短期需求(未来12~18个月内)需要在你的投资计

划中予以考虑（房屋修缮或改建、旅游、礼品、缴税等等）？
- 如果你不再需要工作，你会做些什么？

3. 资产
   - 你有遗产律师吗？你如何看待这一关系？
   - 你有注册会计师或者税务方面的顾问吗？你如何看待这一关系？
   - 你有寿险代理人吗？你如何看待这一关系？
   - 你有私人银行理财顾问吗？你如何看待这一关系？
   - 你从这些专业顾问那里获取的最佳体验和最差体验有哪些？
   - 最近，你更换专业顾问的频率有多高？

4. 方案
   - 你获取财务决策相关信息的主要渠道有哪些？
   - 你希望以何种程度参与你自身的投资管理？
   - 你希望谁一起参与管理你的财务？
   - 谁在管理你的家庭财务？
   - 你希望每年有几次面对面的会议？
   - 你希望多久更新一次账户中的电话信息？
   - 你是否希望通过电子邮件联系？
   - 你希望采取哪些安全措施保护你的私人和财务信息？
   - 你是否使用财务软件来管理你的个人财务？

5. 兴趣
   - 你的主要兴趣是什么？
   - 你是否喜欢运动？你最喜欢的球队是哪支？
   - 你最喜欢的电视节目和电影类型有哪些？
   - 你阅读哪些书籍？
   - 你是否有健康方面的担忧或事项？
   - 你是否有锻炼计划或健身计划？
   - 你的爱好是什么？

- 你会说第二种语言吗？
- 对于你而言，一个理想的周末应当是什么样的？
- 对于你而言，一个理想的假期应当是什么样的？
- 你为哪些慈善事业捐款？
- 你为哪些慈善事业提供义工服务？

6. 价值观
- 金钱对你而言的重要性是什么？
- 你认为有哪些事情我应该知道但尚未问及？
- 你为什么想赚钱？
- 有哪些其他事情我应该知道？

基于目标的规划与投资

富裕人士非常关注如何实现他们的财务目标。高绩效的团队将基于目标的投资作为他们财富管理服务的基石，因为这是他们的富裕客户真正需要的东西。

对基于目标的投资最简单的定义是"所有当前和未来负债之和"。我相信巴拉公司（Barra Inc.）的联合创始人、前任主席和首席执行官安德鲁·拉德（Andrew Rudd）很好地描述了基于目标的投资的内涵：

"投资者的财务目标是财富管理方案最重要的组成部分，这些目标是人们开展投资的原因。因此，为个人财务目标提供资金成为财富管理策略的主要关注点。"

基于目标的投资连接客户尽调和投资流程，它专注于实现目标而不受市场表现的影响。这一方法同时能够增进客户信任，原因在于顾问团队专注于客户最重要的事情。相比于其他团队，那些专注于开发基于目标的投资流程并将其嵌入价值主张的团队将具备明显的竞争优势。

基于目标的投资的两大优先级任务是：确定现金流目标以及实现这些目标的确定性程度。专注于基于目标投资的理财顾问团队很少受限于投资组合问题，因此更加重视实现客户目标而非短期组合回报。

在团队的方案中引进基于目标的投资时，我建议采取以下5项最佳实践：

（1）使用客户尽调采访指南建立或确认客户的目标。任何时候深入探讨这些问题都不会太迟。如果你现在无法回答指南中的所有问题，就要尽力确保在不久的将来能够做到。

（2）协助客户制定他们的目标。讨论他们的消费和储蓄习惯以及对实现长期目标的影响。与客户一起审视最低的、期望的和理想的目标。确定客户退休后维持其期望生活方式的能力，证明你能够指导他获得必要的现金流。

（3）评估你已经为客户执行的财富管理规划，重点关注其是否包含客户的所有目标。评估这一规划是否能够提供客户需要的最低水平收入，不管市场表现如何变化。

（4）开展一个完整的资产评估，重点关注外部资产。这些资产可以包括退休计划资产、递延薪酬计划和其他投资账户。在与客户开展进一步沟通时，这些资产会被一并考虑。顾问团队应充分说明为什么整合所有资产并交予团队管理符合客户的最大利益。

（5）向客户解释真正的投资风险不是投资收益表现低于标准，而是无法实现目标。依据目标和期望结果的实现情况，鼓励客户在现有风险承受能力的基础上调整其对于成功的评判标准，促使客户考虑采用目标实现进展来评估团队的绩效，而非依赖任意选择的指数所代表的短期市场表现。

投资和决策流程

本书并不提供对投资组合管理和投资策略的深度探讨。然而，高绩效团队的顶级顾问重视团队的投资流程以及该流程对于实现富裕客户目标的重要性。

顶级顾问的投资流程有八大特点：

（1）具备明确定义和规范化的投资流程，并且能够解释给任意一位潜在客户。

（2）对客户开展教育引导，使他们更清楚地了解投资流程——这是建立客户信任和拥护的必要举措。

（3）将资产配置视作风险管理和获取业绩的工具。

（4）必须对经济前景有一定的大势判断并且能够向现有客户和潜在客户清楚传达这一观点。

（5）维持一个高度稳健的投资策略并且使用投资组合模型来扩大投资规模。

（6）避免追逐投资风潮，或者采取极端行为。

（7）业绩汇报是维持客户沟通的重要工具。

（8）对投资持有保守的倾向。比起赚取收益，富裕人士更倾向于避免亏损，因此风险管理在投资流程中具有最高优先级。

如果具备上述八大特点，便足以证明你现有的投资流程是可靠的。如果没有，我建议你采纳它们。这八大特点提供了一个普遍适用的方法，我坚信团队应当将它们纳入服务当中。然而，打造团队独一无二的核心投资理念也很重要。团队可以使用不同的方式来投资其客户的资产。这些核心理念造就了顾问团队之间的差异化。最重要的是这些投资核心理念能够在团队成员之间共享，始终如一地遵循，并且可以清晰地表达出来。

以下核心理念展示了一个团队深度的信念。实际上，领导该团队的顶级顾问对其投资流程的信念十分强烈，以至于让它成为团队价值主张的核心组成部分。

团队核心理念示例

- 当大多数的投资者表现出较高的悲观情绪和恐惧时，买入股票和高贝塔资产。
- 当大多数的投资者过于乐观和过度自信时，降低股票和高贝塔资产的敞口。
- 长期来看，高收益股票的表现优于低收益股票，风险也较小。
- 提高股息的公司普通股表现比不提高股息的公司要好得多。
- 盈利超出预期（盈余惊喜）的公司的普通股表现优于盈利没有超出预期的公司的普通股。
- 在整个市场周期内，低市盈率股票表现优于高市盈率股票。

客户检视

我们发现最高绩效的团队聚焦于规范化的客户检视流程，因为它赋予财富管理产品和服务活力和生机。作为理财顾问，你为客户提供的服务是无形的——你无法去触摸、嗅闻或者感觉。客户检视流程化无形为有形。通过审查客户实现目标的进度、规划和讨论其后续的财务需求与解决方案，团队将它们的财富管理流程变得更加"真实"，成为客户能够实实在在看得见并能做出反馈的东西。

客户检视的目的是评估客户的投资组合业绩以及实现目标的进度，包括为这些目标提供资金。客户检视还可给予团队更新客户资料、教育客户和收集反馈的机会。最后，客户检视使团队有机会查看财务计划并视需要进行更新和修改。

建议年度客户检视中采取以下最佳实践，它们也许并不完全适用于短期非正式的季度客户检视。高绩效团队在客户检视过程中使用的最佳实践包括：

- 利用清单或模板来帮助你的团队准备客户检视。
- 无论会议的频率和地点如何，为所有会议制定议程。下文附上客户检视议程的样本。
- 亲自开展年度客户检视。年度客户检视通常持续1个小时。季度或半年度客户检视可参照你的细分客户服务指引开展。对于最重要的客户，应亲自开展二季度检视（半年度检视），持续时间为30~60分钟，而季度检视的时长通常为20~30分钟。
- 利用客户周年纪念日或者生日的机会，开展年度客户检视。
- 作为建立强大客户忠诚度的一环，强化与客户的私人关系。
- 审查客户目标，将客户目标实现进度和你的投资策略结合起来讨论，以此为契机重申你的核心投资理念。
- 着力解决当前的财富管理规划需求和行动步骤。引进其他团队成员、公司内部专家或外部顾问（例如注册会计师或律师）的专业技能。
- 收集反馈意见，了解客户对服务体验以及投资组合业绩的看法。审查你所提供的价值，如果可以的话，评估它是怎样支持你的定价模型的。

- 在客户检视结束时，总结此次讨论并评估后续步骤。

议程模板示例

注意：该议程可依据年度、半年度或季度客户检视的性质随机扩展或缩减。

- **开场**：与客户重新确立联系，建立亲和度，再度确认检视会议的目的并检视议程，让客户了解整个检视过程中要讨论的内容。
- **客户更新**：更新客户资料，确认原有目标，更新客户资产负债表。
- **业绩评估**：评估投资组合的业绩和实现初始目标的进度。采用公司层面针对特定目标（例如"增加退休收入"）所制定的汇报指标和累积进度报告。
- **市场观点**：这是传达对当前市场和经济前景看法以及如何构建投资组合策略的机会。
- **财富管理规划**：审查其他财富管理解决方案的进度和实施情况，例如房地产计划和相应的备案工作、信托基金等。
- **价值讨论**：这是检视过程中建立信任、确定团队提供价值的方式，讨论定价和透明度并向客户收集财富管理经验和服务反馈的机会。
- **外部资产**：了解客户的外部资产存放在何处。
- **帮助要约**：讨论客户转介绍的机会。

价值主张

一个强大的价值主张可使团队的客户在转介绍的过程中为团队进

行宣传，并为说服潜在客户将资产托付给团队提供强有力的理由，同时可强化团队为现有客户提供的价值。

在高度学习公司，当我们指导团队制定价值主张以展现其服务时，我们要求它们考虑以下事项：

- **你的目标客户是谁？** 任何团队都希望目标客户能够关心和认同团队的价值主张，并且认为这一主张是针对该客户自身独特和特定的需求而定制的。
- **你最引以为傲的团队业务标签是什么？** 我们希望团队业务有3~4个显著的标签，并将其纳入价值主张。比如，团队历年的经验，团队成员拥有的专业职称、财富管理方案（全面规划、基于目标的规划、投资方案）、服务承诺、专业技能，客户沟通等。
- **你是否在特定细分市场具有一定专业水平的技能和经验？** 富裕人士认为他们自己是独一无二的，因此更加倾向于选择在独特复杂财务问题上拥有专业技能和经验的理财顾问团队。在为该类细分市场的客户提供服务时，团队应在其价值主张中加入自己的专长和技能。
- **你的服务如何使客户受益——通过与你合作，客户会获得怎样的价值？** 仅仅说明团队有50年的经验是不够的。价值主张中应当添加将这一事实转化为符合客户利益的相应描述："凭借这些年的经验，我们已经培养了必要的洞察能力和透视能力，可以指导我们的客户应对所有类型的市场环境。这种能力的培养须通过50年的经验积累才能实现。"
- **你的服务如何与众不同？** 团队的价值主张需要反映出团队与其他顾问的不同之处。

价值主张案例

团队可根据实际情况为客户进行价值主张的详细解释或者简化说明。如果你安排了一次潜在客户会议，就有时间展开解释价值主张；而在另一种情况下，如果你需要立即分享价值主张，它就需要加以精练。最重要的是，你团队中的每个成员都需准备回答最重要的问题："我为什么要把我的钱交给你的团队去投资？"这一问题的回答必须经过训练、记忆并以满怀信心和热情的方式来表述，而想要做到这一点只能靠准备。

同样需要重点关注的是团队的客户能够通过听取价值主张充分了解团队的服务。这不仅增强了客户从团队中获得的价值，而且能够帮助客户向其认识的其他人宣传与你的团队的合作经历。

- 价值主张1——定义相似的文化背景

您应该考虑与我们的团队合作，因为与大多数理财顾问相比，我们在与客户合作方面有不同的想法。作为第一代移民，我个人非常理解辛勤工作的回报以及资产保全和增值的必要性。我的职业生涯致力于了解错综复杂的财务规划并且利用我在（某金融公司）可获取的资源制定财务规划来指导我所选择的客户群体实现其财务目标。我致力于为客户服务，并尽一切努力做到与时俱进，了解市场如何影响客户拥有并为之工作的公司。如果您将资产托付给我，我的辛勤工作、同理心和一流的财务规划方案将使您获利匪浅。

- 价值主张2——资深理财顾问

您应该考虑与我合作，因为我已经积累了25年以上的经验。凭借这种经验，我已经培养了独到的见解和观点，可以指导我们的客户度过必须有20年经验才能应对的所有类型的市场状况。此外，我还制定了一个成熟和规范化的投资流程并且久经时间考验，可以帮助我们的客户成功应对强大的牛市和充满挑战的熊市。我们投资方案的基石是管理风险，在最具挑战性的市场中优先考虑保全财富，以确保我们不会将客户的资产置于不当的风险之中。

我的首要任务是通过频繁联系、24 小时 ×7 天服务和积极主动地解决问题等方式为我们的客户提供超预期的服务体验，最大限度地增加积极体验和减少不便。

- **生物技术和制药业高管期权**

我们设有一个业务部门，在过去 20 年中专注于与高级生物技术和制药公司的资深高管合作。这一经验和专业技能赋予我们团队独一无二的地位，使我们能够了解他们的特殊需求和困难，包括股权薪酬、风险管理、递延薪酬和税收调节。

品牌树立

价值主张流程的最后一个步骤是为团队的财富管理服务树立品牌。每个理财顾问团队都应当专注于确保它们的目标潜在客户知道它们的服务。以下是团队树立品牌的一些途径：

- 团队网站。
- 市场营销材料。
- 新客户指引。
- 社交媒体资料。
- 现有客户。
- 专业转介绍网络。
- 潜在客户。

第 10 章　建立市场营销部门

从与团队合作的经验中，我发现它们大多有优秀的产品部门（负责财富管理）和优秀的服务部门，却没有市场营销部门。然而，缺少市场营销部门的帮助，理财顾问团队永远无法充分发挥其潜力。本章的目的是指导团队建立高效的市场营销部门。

顶级顾问思维

具备最高效市场营销部门的顾问团队均会将顶级顾问思维纳入业务实践。顶级顾问思维有 5 个鲜明的特征，即信心、价值主张、保持乐观与把握机会、打破舒适区以及时间投入。这些特征被应用于团队业务实践，同时也是构建市场营销部门的基础。拥有顶级顾问思维意味着知道应该做什么和实际做了什么之间的区别。

信心

信心的本质是深层次的信念，即相信团队为客户的生活带来了积极而重大的影响。这种信心是团队的核心价值，每个团队成员都应该拥护它并将其融入与客户的每次互动中。当团队有能力拿出可以帮助客户实现财务目标的世界一流产品、出色的服务模式,凭借多年积累的经验,为客户提供智慧和远见,帮助客户应对多种市场环境时,就会建立起信心。然后,团队能够满怀信心地专注于处理客户财务生活各个方面的事务,因为它们已经与客户建立了深厚的关系——它们像是客户生活的股东并且始终将客户利益放在首位。

我们行业中一名成功的理财顾问将这种信心水平定义为具有"金融传教士思维",并以此来指导他和他的团队开展获客工作。他以下文的形式描述了他团队的传教士思维:

"传教士去了不发达的地方,试图使那些地方的人接受他们的宗教。你可以想象每个传教士必须经历多少次拒绝。然而,如果你问传教士如何看待这些被拒绝的情形时,他们会告诉你他们并不为自己感到难过,反而会为无法信奉宗教的人感到难过。他们不会在意拒绝——他们为无法说服人们相信宗教而感到遗憾。

"我们的团队采用了金融传教士思维,并且这是我们的核心价值观之一。当我们与潜在客户接洽时,我们相信自己有能力并且会给他们的生活带来积极的变化,而他们很幸运能有机会与我们合作。如果他们不接受我们的帮助要约,那么我们不会为失去的机会而感到沮丧或难过——我们为他们感到遗憾,然后转向那些愿意相信我们有能力为他们提供帮助的潜在客户。"

我们相信,当理财顾问团队采用金融传教士思维时,将摆脱不可避免的拒绝所带来的痛苦,同时坚定团队市场营销部门的理念。

价值主张

根据我的经验,拥有超过 100 万美元投资资产的个人并不认为理财顾问团队之间有太大的区别。一个强大的市场营销部门必须能够在获客过程中分享你所在团队的与众不同之处,你的团队所能提供的价值是迄今为止最引人注目的。

团队建立价值主张的基础是提供世界一流的服务，这一点我们在第9章中进行了概述。将世界一流的服务转化为价值主张需要五大要素：

（1）你是谁？你的最佳客户认为你的长处是什么？

（2）你的竞争对手是谁？在竞争环境中你最害怕谁？你的竞争优势是什么？

（3）谁是你的理想客户？你的价值主张会与他们产生共鸣吗？

（4）构思一个基于你自身优势的故事。专注于你业务实践中的3个或4个特征——你所提供给客户的最令你自豪的是什么。

（5）始终如一地兑现你的价值主张。

保持乐观与把握机会

成功和高绩效团队的核心价值观之一是乐观。它们的团队负责人始终认为所有成员都应该拥有积极乐观的态度。这些团队相信市场上从来都不缺少机会，作为金融传教士，它们通过行动把握机会。这一态度传递了显而易见的正能量而且深受团队客户欣赏。

查看以下人口统计数据或有助于你变得更加乐观：

- 在当今的美国，大约有1 500万人拥有100万美元或以上的可投资资产。
- 依据《培养中产阶级百万富翁》（*Cultivating the Middle-Class Millionaire*）一书中对百万富翁的研究，每年约有15%的人会更换理财顾问。
- 如果这15%的百万富翁可能在未来12个月内对顾问进行重大调整，则意味着有225万人拥有至少100万美元的可投资资产。仅这些投资者就为拥有强大市场营销部门的理财顾问团队提供了巨大的机会，并为美国境内的大多数市场提供了巨大的机会。
- 婴儿潮一代需要退休收入规划，每天的退休人数已达到 10 000 人。就理财顾问获客便利性而言，历史上从来没有比现在更好的时期。强大的市场营销部门必须能够拿出令人信服的理由，说明为什么这些富裕的潜在客户应该与你的团队合作。
- 婴儿潮一代与其父母之间的代际财富转移是另一个重要机会，他们需要财务建议和指导。

获取新的富裕客户的机会一直存在，这取决于你的团队是否会利用这一机会。例如，科罗拉多州丹佛市（我生活和工作的地方）有大约 60 000 个家庭，他们的可投资资产有 100 万美元或更多。如果这些百万美元的家庭中有 15% 做出了重大的理财顾问调整，那么每年将有 10 000 名当地百万富翁可供争取。如果理财顾问团队拥有强大的市场营销部门，那么获取 10 000 名百万富翁中的 10 名可以说轻而易举。

打破舒适区

最高绩效的团队的另一核心价值是它们永远不会自满且常常能打破舒适区：它们想要更多。拥有强大的市场营销部门需要投入、纪律、流程和奉献精神。建立强大的市场营销部门绝非易事，只有在团队打破舒适区，想要变得更好并愿意接受成长挑战时，这一想法才可能实现。

时间投入

最高绩效的团队意识到正确的活动可以带来正确的结果，因此时间必须持续花在那些久经考验能够带来新的富裕客户和资产的策略上。实际上，这些团队认识到市场营销部门获取成功的首要因素是理财顾问团队成员在实施这些获客策略上花费了多少时间。

当我问及团队在业务实践中面临的最大挑战是什么时，它们常常告诉我是获取新的富裕客户。根据这个回答，我询问它们一天前花费多少时间开展活动吸引新的富裕客户。在大多数情况下，答复是"无"。我的答复是："愿望不是可行的获客策略。"

高效人员在执行艰巨的任务时并不比其他人容易——不同之处在于他们会行动起来。他们对成长和帮助潜在客户的渴望大于实现这种成长所带来的不适感。

在采访行业中一些最成功的团队时，我询问理财顾问团队成员每天花费多少时间来实施团队选择的市场营销策略。平均而言，每个团队成员将至少 25% 的时间用于主动营销，在一定程度上使用了七大核心获客策略。

高绩效团队需要理财顾问团队成员每天投入至少 1 个小时实施其选定的一系列获客策略。一旦他们能够做到每周持续花 5 个小时获客，就会将进行获客的时间增加到一天 2 小时或一周 10 小时。最优秀的团队致力于将 25% 的时间用于获客。

作为本章节的提示，我将与你分享团队市场营销部门应当采用的七大有效的获客策略。

策略 1　客户转介绍

制定持续主动的客户转介绍（引荐）策略必须是团队市场营销部门工作的核心部分。持续主动的转介绍策略可以用最少的时间实现最佳的获客效果，因而是一种实现双赢的策略。

我们每年合作的数千名顾问中，只有不到 10% 的人拥有持续主动的转介绍流程。然而，依据顾问影响力研究的创始人兼首席执行官朱莉娅·利特尔希尔德（Julia Littlechild）的说法，88% 的高度满意的客户认为提供转介绍是一件很轻松的事,这意味着大多数团队没有充分利用客户愿意提供转介绍的这一优势。

所有高效的团队都应致力于建立转介绍流程,这样团队就能通过忠诚客户的转介绍获得高质量客户。建立这一流程首先要了解为什么富裕的投资者会向其顾问推荐新的客户。根据朱莉娅·利特尔希尔德的观点,富裕的投资者推荐新客户有以下 4 个主要理由:

(1)互惠互利。他们喜欢他们的顾问团队并希望为他们做点好事。

(2)客户发掘。他们找出自己社交圈中有特定需求的人,例如经历人生转折、退休、离婚或工作变动等,并且他们相信顾问可以帮助那个人。

(3)财务规划。与顾问一起制定财务规划的客户更有可能提供转介绍,因为规划流程可以帮助建立更深的关系。

(4)因为顾问请求他们推荐客户。偶然开展专业询问会带来巨大的不同。

发掘忠诚客户

在我们的行业中,理财顾问的很多精力都花在了完善正确的话术和技巧上,而对于拥有忠诚客户群的重要性却没有给予足够的重视。如果客户是忠诚和狂热的粉丝,那么使用完美的话术便不会非常重要。你们团队的忠诚客户已经愿意提供帮助,你帮助他们即是在帮助你自己。另外,如果客户对你不满意或仅对你勉强感到满意,那么世界上最好的话术和技巧都不会带来转介绍。根据我的经验,如果客户忠诚,你的团队只需要引进一个流程即可轻松地将忠诚客户转化为转介绍人。

我的建议是以 1~4 分的等级给你的客户打分,这个转介绍流程只适用于 3~4 分的富裕客户。不要浪费时间在 1 分和 2 分的客户上:

- 4 分——最忠诚的客户。
- 3 分——高度满意的客户。
- 2 分——满意的客户。
- 1 分——不满意的客户。

大多数团队没有持续主动的转介绍流程。当被问及缘由时，我听到的最常见的理由如下：

- 不想对我的客户施加压力。
- 转介绍工作与我有关，而与我的客户无关。
- 我会觉得自己是营销员，而非专业顾问。
- 医生不会要求病人转介绍客户。
- 没有合适的流程。
- 不想表现得业务惨淡或渴望新客户。

以上的思维方式必须改变。如果你认为其他顾问都比不上你，那你何不希望为你的客户认识的人带来积极的影响？这就是金融传教士的思维模式。

你给予客户的礼物就是你为他们的朋友、同事和家人的生活带来积极影响的能力。相比于客户的同事、朋友和家人现有的顾问，你必须假设你能为他们提供更好的服务——这同样是传教士的思维模式。对于客户来说，转介绍的好处在于他们能像英雄一样将朋友介绍给像你这样的世界一流的理财顾问及团队。

建立一个持续转介绍的流程

理财顾问团队成员应保证每年与高度满意的忠诚富裕客户开展一次有意义的转介绍讨论。讨论的频率可以增加，但每年一次就足以获得稳定的高质量转介绍，同时又不至于降低流程的专业性。相比于更频繁、肤浅和无效的转介绍要求，理财顾问不如开展一次堪比"理财顾问奥斯卡奖项"的讨论。

年度讨论需要：

- 当面完成。
- 在客户检视结束时开展。
- 经过深思熟虑并被牢记。
- 可以向客户提出你想与他们认识的某个人合作。
- 集思广益，而非仅仅是回答"好的"或者"不行，我想不到任何人"。
- 以客户身边经历"人生转折"的人为代表，为客户提供实例。
- 对未来的事件进行安排，由客户把你介绍给他"认为你应该认识的人"。
- 请客户通过电话或电子邮件告诉被推荐的人你将联系他。

作为一种展业工具，我强烈建议你制作一份忠诚和高度满意的客户列表，并且在年度转介绍讨论后在其姓名旁边打钩确认。你的目标是确保年底之前每位客户的姓名旁边都有打钩确认，无论他们是否提供了转介绍。

一种"帮助你的客户即是帮助你"的方法是提供你想见的并且是客户熟人的姓名。姓名的最佳来源是客户工作单位的网站。跟进你客户认识的人、他们所在的董事会、他们的邻居、他们所属的乡村俱乐部等。

领英是另一个可以"帮助你的客户即是帮助你"的出色资源。与你拥有的每位忠诚客户在领英上建立联系。然后，你将可以访问他们的联系人。这一方法所带来的数字和信息会很强大：200 个主要联系人将提供多达 40 000 个潜在连接。信息会很全面，通常包括工作经历、就读大学和兴趣爱好。最佳实践是重点关注同一公司的人员。

另一种"帮助你的客户即是帮助你"的方法是分享一种理念，即经历人生转折的人是最需要你帮助的人。举例说明会经历的人生转折，包括将要退休或近期已经退休、离婚或死亡导致的失去配偶、失去父母及后续的遗产继承、出售业务或更换工作。让你的忠诚客户知道你的专业知识和技能，同时询问他们是否知道还有哪些人可以因此受益。

通常，即便是最忠诚的客户也无法描述或解释他们的顾问提供的价值或者差异化优势。确保在转介绍对话中提及你的价值主张，以便客户了解你的差异化优势。然后，他们可以与被推荐的人分享你的故事。告诉客户你最想让他们提及的内容是他们在与你的合作中有较好的体验（提及你的专业知识和技能），并询问被推荐的人是否愿意与你进行简短的介绍性谈话，你会处理好剩下的事情。

团队问责

在团队的营销会议上，所有理财顾问合伙人应分享他们在过去一个月中开展了多少次有意义的转介绍谈话以及这些谈话的结果。会议中也应当讨论所面临的挑战，更应强调成功的故事。

策略 2 　建立一个专业转介绍的关系网

百万富翁寻找理财顾问的一大方式是依靠另一个他们信赖的顾问（主要是注册会计师或律师）进行推荐。建立转介绍关系网是一项策略且应纳入市场营销部门的工作中。建立这样的关系网有 5 个步骤。如果遵循此推荐流程，团队将在未来 12~18 个月内拥有 3~5 个注册会计师或律师，他们每年至少可以提供一到两个合格的客户，从而每年至少新增 5 个高净值客户。

步骤一：得到联系客户的注册会计师和律师的允许

第一步是与团队的每个核心富裕客户保持联系，并获准从客户利益的角度与他们的注册会计师和律师建立专业关系。团队应制定总清单以统计那些注册会计师和律师的姓名及联系方式。

步骤二：与专业转介绍人进行联系

一旦获准和收到联系信息，理财顾问应联系客户的注册会计师和律师并建议会面（可以是午餐会）。通常情况下，注册会计师或律师都会同意会面，因为他们认为与客户的主要顾问保持联系符合他们的最大利益。应该明确的是，理财顾问或潜在的专业转介绍人均不会向客户收取会议费用。

步骤三：首次与专业转介绍人见面

第一次会面的目的是为构建良好的专业关系打下基础，这意味着在友好的氛围下鼓励专业转介绍人谈论他们的业务和做法。

你可能会提出一些问题，包括：

- 您如何寻找新客户？
- 您的专业领域是什么？
- 您成为注册会计师已有多长时间了？
- 您的业务实践是如何组织开展的？
- 您在业务实践中面临的挑战有哪些？
- 您是否与其他理财顾问建立了牢固的关系？
- 您的客户与您合作的原因是什么？
- 您的理想客户是怎样的？

- 您如何获取与客户投资相关的税收策略的最新信息?
- 您是否具备提供投资建议的执业资格?

当会面结束时,理财顾问应当安排邀请下一次会面,与潜在的转介绍人分享他们如何为共同的客户提供服务。如果理财顾问给予对方足够的关注,那么潜在转介绍人将愿意更多地了解理财顾问。

步骤四:面向专业转介绍人举办讲座

讲座的目的是消除注册会计师和律师的疑虑,他们中的大多数通常会认为理财顾问是基于佣金获取收入的销售人员,致力于销售公司产品。

讲座由4个部分组成:

(1)理财顾问团队的简要说明。
(2)你们的价值主张。
(3)团队财富管理流程的简要说明。
(4)简要展示团队帮助客户实现目标的工具。

讲座应充分并且简短——理想时间为30分钟。在讲座结束时,理财顾问应建议与参会人员保持专业联系并及时向注册会计师或律师提供他们感兴趣的或对他们有帮助的税务和投资信息。潜在转介绍人通常会认同这一做法,由此引出该流程中的最重要的步骤——后续行动。

步骤五:后续行动

好消息是如果你遵循前四个步骤,那么团队中80%的核心富裕客户的注册会计师和律师将同意定期保持联系。坏消息是如果你不开展后续行动，该流程将会变得无效。你可以想象到的是，不乏理财顾问团队试图让注册会计师和律师为他们做客户引荐。但是，很少有人愿意花费必要的时间努力将这些专业人员打造为转介绍渠道。

需要采取后续行动的原因是，除非是建立了牢固的信任关系，注册会计师和律师在将他们的最佳客户推荐给理财顾问的过程中可能会损失惨重。大多数顾问所犯的错误是，他们没有花费足够的时间来建立信任关系，而这一信任关系的建立不能缺少顾问对后续行动流程的实际努力。

我建议每月开展一次交流（无论是通过语音还是面对面的形式），先向注册会计师或律师发送与业务相关的及时信息，后续致电更加详细地介绍该类信息。如果团队愿意花一些时间来开发"白皮书库"，那么它将成为每月交流观点的来源。部分月度交流观点可以包括团队帮助其他客户经历人生转折的相关案例，以及对团队细分市场专业知识和能力的分享。这为与注册会计师和律师讨论这些选项打开了空间，从而帮助他们服务的其他处于相似人生转折阶段的客户解决困难或受益于团队的细分市场专业知识和技能。理财顾问每年至少要亲自开展4次月度交流，这些私人会面有助于进一步建立必要的信任关系。

团队问责

这一流程需要整个团队组织协作。后续行动流程可以委托给业务开发合伙人（如果有）或初级合伙人。团队可以合作建立高质量的白皮书库。在团队营销会议期间，每个团队成员都应汇报他们负责的潜在转介绍渠道，并从其他团队成员那里获得关于加深关系和获取转介绍的成功案例、案例研究和想法。问责制和头脑风暴是强大的力量，可以帮助团队成功建立强有力的专业转介绍关系网。

策略 3　事件营销

事件营销是大多数顶级团队市场营销部门采取的一种获客策略。这种策略有利于团队多个成员协作，为合适的人群举办活动。在事件营销领域最成功的团队采用了 5 项核心原则，以确保成功获客。

原则 1：小型的私下活动（10×10 规则）

事件营销的目标是帮助理财顾问结识新的潜在客户，加深与现有潜在客户和专业转介绍人之间的关系，并将私人关系转化为潜在客户。事件营销的另一个好处是建立更牢固的客户关系。如果参会人数在 8~12 人，理财顾问能够最有效地实现这些目标。最理想的人数是 10 人。如果参与者人数多于 12 人，理财顾问开展互动和建立关系的机会将受到限制。

然而，由于理想的参会者人数是 10 人，因此有必要开展多个活动来获取必要的与会人数，以确保获客策略的成功。在训练顾问团队时，我建议采用"10×10"的方法，即每年开展 10 次活动，每次活动有 10 名参与者。这一做法综合考虑了私人活动的人数和每年至少产生 5 个新的高净值客户所需的规模。

团队使用此策略的好处之一是每个团队成员都可以参与负责一系列的 10 人活动事件，从而明确分工，避免任意一个团队成员因为组织和举办全部 10 场活动而不堪重负。例如，如果一个团队有 2 个理财顾问合伙人，则每个合伙人每年将负责组织和举办 5 场活动。合伙人可以邀请自身的潜在客户和专业转介绍人参加，协助对方完成活动。

原则 2：50% 的非现有客户

每次活动应该有至少一半的参与者不是团队的现有客户。让客户参加活动很重要，但是如果大多数参与者是现有客户，那么该活动将成为一次客户答谢活动，而非执行一项获客策略。然而，在每次活动中都邀请一些客户是有实际价值的，因为这能使理财顾问与忠诚客户建立更牢固的关系，而这些忠诚的客户也能成为在场非现有客户的宣传者。

每次活动理财顾问都可以使用 4 个渠道来获取至少 50% 的非现有客户：

- **客户的客人**。鼓励客户邀请他们喜欢与之共度时光并且认为团队应该认识的客人（这么做可以确保客人是合格的）。在我的经验里，每 4 名客户邀请才能产生 1 位客人，如果是夫妻一起参加的活动，这个比例通常会更高，成功率接近 50%。一个建议的策略是：在年度转介绍对话中，提及你想邀请客户参加活动，并请他们考虑是否愿意向顾问推荐嘉宾。另一个策略是理财顾问向客户指出希望他邀请的特定人士的姓名。这些姓名可能来源于客户过去对话中提及的人、与他一起工作的同事或者邻居。事先询问客人的名字也非常有意义，有利于理财顾问向他发送邀请并提前向客人进行自我介绍。预期结果是每次活动邀请一个非现有客户。通常，有 2/3 被询问的客户会带客人来，使得获取一个或两个合格的潜在客户成为可能。
- **专业转介绍人**。这是增进和建立与潜在专业转介绍人之间的深层关系的理想方法。使用专业转介绍策略部分提及的现有客户注册会计师和律师列表。鼓励专业转介绍人邀请他们喜欢与之合作且认为团队应该认识的一位优质客户。预期结果是一位非现有客户来宾。
- **合适的地点 – 合适的人**。这些都是理财顾问私下结识并希望转化为客户的朋友，但理财顾问从未与他们讨论过专业合作。通过邀请他们参加活动，这些私人关系可能会转化为潜在客户。

对于潜在客户，在专业场合与顾问见面或许有助于推动转化过程。同样，活动后续谈话将有助于将富裕的熟人转变为潜在客户。预期结果是一位非现有客户来宾。
- **潜在客户渠道**。潜在客户是理财顾问团队接触过的、期望与之合作但尚未成为客户的富裕人士。邀请潜在客户参加活动的价值在于可以加深关系，让潜在客户与团队的客户互动，并且让他们在专业场合中与顾问会面。预期结果是一位非现有客户来宾。

原则3："我们关心"而不是"我们知道"

富裕个人更愿意参加"我们关心"的有趣活动，而非"我们知道"的教育活动。确保会场有趣的最佳方法之一就是了解客户喜欢做什么，并且围绕大多数客户的兴趣组织活动。多数富裕客户的朋友都喜欢做客户感兴趣的事情。

然而，最关键的是理财顾问团队成员需在有趣的活动中"说一些聪明的话"，以便能够专业地展示自己。即使会场很有趣，也要让非现有客户看到理财顾问团队成员忠于本职工作。这一想法很简单，但会给人留下良好的专业印象。"聪明"主题的例子包括投资者心理、市场动态、基于目标的投资的重要性、资产配置的力量、基于目标投资的5项基本原则，或者将活动场所与投资相关主题联系起来的信息。

理想的时间是在活动开始前的10分钟，可以通过以下方式进行介绍："在今天开始活动之前，如果我不花几分钟分享一些您作为投资者感到有用的见解，我便是失职了……"

原则4：提前12个月进行活动规划

提前一年安排团队的10场活动。这么做给予了团队整整一年的时间用来找寻合适的人，尤其是非现有客户来参与活动。团队需要开展前期工作以确定日期、地点和后勤，一旦完成这些工作，剩下的全部任务就是填补多个参会名额。该安排还为团队设定了截止日期和问责机制，以确保活动获得良好的参与度。此外，通过提前 6~12 个月安排活动，你可以邀请"保留名额"来参与活动，避免发生客户时间冲突或在最后一分钟取消参与活动的情形。

原则 5：48 小时跟进法则

在活动后的 48 小时内，必须由理财顾问团队成员对每个非现有客户进行跟进。在活动中，参会者被要求使用姓名、电子邮件地址和电话号码进行签到。48 小时内跟进的重要性体现在这一时间节点之后活动产生的商誉开始消失。团队需要对产生的商誉进行变现，增加理财顾问与参加活动的潜在富裕客户会面的可能性。

在 48 小时内，应对所有的非现有客户使用以下话术：

[潜在客户]先生/女士，感谢您参加我们的活动，希望您与我们一样，度过了一段美好的时光。希望您能接受我的邀请。我们相信我们的团队与其他理财顾问不同，我们通过指导客户实现财务目标来为客户提供巨大价值。我想邀请您参加一次非正式的客户尽调会议，目的是增进彼此的了解，看看我们是否能够为您当前的财务状况增添价值。您会接受我的邀请吗？

团队问责

在团队的年度战略会议期间，团队须做出举办 10 场活动的承诺，确定会场和日期，并指派理财顾问团队成员开展特定的活动。在市场营销团队会议期间，每个团队成员应汇报其负责活动的进展并在需要时寻求帮助。

策略 4　合适的地点 – 合适的人

这一策略立足于团队成员将自己摆在合适的地点去面对合适的人，同时制订客户转化计划将"合适的人"转变为潜在客户。合适的地点可以包括非营利组织、乡村俱乐部、宗教组织、学校委员会、服务机构、居委会和校友会。

每个理财顾问团队成员都应制定至少 25 人的清单，这些人与顾问之间存在私人关系并且可能成为潜在客户。一旦制定了清单，团队就应为清单中的每个人配以特定的转化策略。我建议选择以下 3 种策略。

直入主题

这一方式适用于最牢固的私人关系而且要求顾问具备传教士的思维模式——具备强烈的信念，认为理财顾问可以为朋友的生活带来积极的影响。这种方式要求理财顾问联系个人并直接提议会面，以便顾问能够分享自己如何为他们的财务生活创造价值。请参阅以下实例作为直入主题的话术：

[私人关系] 先生 / 女士，我们已经认识一段时间了，我知道您在做投资而且您知道我是理财顾问。我们的财富管理流程与许多其他理财顾问不同，并且我对我们为客户提供的价值感到满意。我想问您是否愿意与我会面，让我来分享一下我是如何帮助客户的，看看我是否可以为您目前的投资状况增添价值。

触发方式

这种方式最适合与理财顾问有私人关系、定期见面但不习惯直入主题的个人。当理财顾问团队成员与有私交的朋友互动时，他会刻意提出问题，触发帮助朋友的提议。触发机遇来自朋友正在经历的生活转折。触发问题的例子包括：

- "这些天您的生活如何？"
- "您生活中有什么新变化？"
- "您的生意如何？"
- "这些天您在业务中面临什么挑战？"
- "您打算继续工作多长时间？"（取决于年龄）

如果这些触发问题提供了客户转化的机会，我建议理财顾问等待一周并且通过会面的形式，运用在特定人生转折领域的专业知识和技能向他们的朋友提供帮助。这与医生在观察到朋友的症状后向朋友提供帮助没有差别。

在某些情况下，问题不会触发反馈。但是，只要理财顾问耐心、刻意和持续提出这些问题，最终一定会获得一个触发机会。

● **更多触发问题**

初始询问

（选择以下一项）：

- ［潜在客户］先生/女士，这几天您的生活如何？（离婚、继承遗产、业务出售、退休、工作变动）
- ［潜在客户］先生/女士，您打算工作多长时间？（退休机会）
- ［潜在客户］先生/女士，这几天生意怎么样？您在业务中遇到什么挑战？（业务出售、贷款策略、退休计划、接班人计划）

跟进

（1~2周后）：

- ［潜在客户］先生/女士，我一直在思考前几周谈话中您与我分享的内容（上述问题 1、2 或 3）。在我看来，我的许多客户都处在与您相同的环境中并面临类似的挑战。考虑到您的情况，我认为我们有必要开展一次非正式会面，我会与您分享一些帮助客户解决相同问题时所使用的策略，可以一起喝杯咖啡并讨论下吗？

活动邀请方式

这一方式适用于理财顾问无法频繁与有私交的朋友会面的情况，理财顾问难以使用触发方式且同时认为直入主题不合时宜。理财顾问可以邀请这类人员参加团队的一项活动。这一策略之所以行之有效，主要有以下 3 个原因：

（1）有私交的朋友与团队的其他客户见面，这些客户通常可以成为团队的引荐人。

（2）当理财顾问"说出一些聪明的话"时，有私交的朋友能够看到理财顾问在发挥作用。

（3）这一策略是向直入主题的过渡，尤其当理财顾问会在后续 48 小时内予以跟进。

团队成员可以使用以下活动邀请话术：

我正在为我最好的客户和好朋友举办一场烹饪班/高尔夫郊游/美食盛宴活动，想邀请您加入我们（提供日期和后勤）。如果您能参加，我会很高兴，而且我知道您会喜欢其他客人的陪伴，您能参加吗？

团队问责

在市场营销团队会议期间，每个理财顾问都应审查其合适的地点 - 合适的人清单，同时向其他团队成员介绍在实施转化策略方面的进展和挑战。

策略 5　外部资产

这是理财顾问团队能够采用的最有效的获客策略。团队最容易获取的资产是客户尚未委托给他们的外部资产，这的确是一个随手可摘的果实，但是大多数顾问团队尚未建立获取外部资产的方法。我这里有一项"四要素"的策略供团队的市场营销部门使用，能够产生令人瞩目的获客结果。

客户尽调

每个理财顾问团队成员都必须致力于发掘每个客户的外部资产。这不能是估计值，必须经过准确的验证并且每年更新。完成尽调流程主要采取 3 种方式：

（1）**财务规划**。通过完成财务规划，顾问会知道客户的外部资产被存放在哪里。

（2）**在线财务资产负债表**。多数公司都有一个应用程序，允许客户在线填写所有资产存放地点的信息。

（3）**非正式的财务资产负债表**。顾问注重了解客户的完整财务状况，从而具备提供最佳财务建议的背景知识。

以下是一个话术示例：

如果我能更精准地为您提供服务，那么我与您的关系不仅仅局限于就您委托给我们公司的资产提供建议。如您所知，资产配置是我们财富管理流程的核心部分，我很高兴您委托给我的资产得到了合理的配置。然而，我需要了解您委托给我的资产与您配置在其他地方的资产之间的关系，这样，我就能以更全面的视角为你提供更好的服务。如果您觉得合适的话，我想鼓励您考虑整合所有的资产并委托给我，以便我可以完善我们的财富管理流程并简化您的财务生活。请给我一分钟的时间为您建立资产负债表。

创建潜在客户列表

在客户尽调流程结束时，每个理财顾问应依据客户姓名将其持有的外部资产信息整理到单独的电子表格中。这个表格将成为理财顾问手里的最佳潜在客户列表。

设想所有资产的管理权

一旦理财顾问知道了富裕客户的外部资产被存放在哪里，即便尚未被托付，他们也必须设想全权管理这些资产。通过定期将这些资产纳入分析，理财顾问会逐渐形成一种认知，即他们在协调管理客户的所有资产。行使全权管理的例子包括：

- 分享所有资产的相关配置建议，包括这些存放在其他地方的资产。
- 发送关于外部资产的研究报告和权益持仓的更新。
- 分享投资观点并鼓励客户进行资产配置调整。
- 建议对资产进行转移从而享受更优惠的价格和更低的费用。
- 传播理念，劝说客户做统一的财务规划并由同一顾问统筹实施规划最符合客户利益。

- 提供包括外部资产在内的所有资产的市场动态。
- 为外部资产提供投资建议。

尽管我不是一名合规专家，不了解即将出台的美国劳工部退休资产信托责任要求，但任何建议或对外部资产的提及都应记录在客户纪要中，并且附有这些建议的来源和依据。请咨询你的合规经理以确认合规事项。

定位声明

每个理财顾问团队成员都要向每位重要客户做出定位声明，证明将所有资产集中委托给团队符合客户的最大利益。当我问及理财顾问是否认为客户将所有资产托付给团队管理是符合客户最大利益的做法，他们总说是。然后，当我问他们的团队是否最有资格成为那样的团队时，他们也总说是。我想强调的是如果顾问认为这么做符合客户的最大利益，那么他们必须坚持阐释此主张。客户支付顾问管理费用，而理财顾问则对客户负有管理责任。以下是我建议的定位声明：

[客户]先生/女士，我有义务尽我所能为您提供最好的财务建议。您有权选择是否遵循我的建议。依据我的专业意见，将您的所有资产集中委托给一名值得信赖的理财顾问并且让他来指导您实现财务目标是符合您的最佳财务利益的做法。拥有多名顾问为您提供多元化的投资和财务规划观点是毫无意义的，因为这些观点可能产生冲突。您会纠结于尝试确定在各种不同情况和市场条件下应该遵循谁的建议。我有能力并且愿意成为协调您财务生活方方面面的顾问，并希望您考虑我的服务。

通常客户会提出异议："我不希望把所有鸡蛋都放在一个篮子里。"以下是对该异议的合理回复：

我理解您想借助不同的理财顾问实现资产的多元化管理，我的客户过去也有同样的感觉，但是我尽量负责坦率地说一句，那只是您感性而非理性的决定。美国最富有的个人与家族办公室合作，由家族办公室负责管理和协调其财务生活的各个方面。我会像对待最富有的家庭的资产那样对待您的资产。比尔·盖茨也已将所有资产的管理权委派给一个机构，负责管理其财务生活的各个方面。

每年都要重提定位声明，直到获取所有外部资产。每个理财顾问团队成员都应声明：

我知道我去年已经提过这一话题，但我会继续提醒您我愿意管理您的所有资产，因为我认为这符合您的最大利益。您应该始终期望我能为您提供最好的财务建议——您是否会重新考虑将所有资产转移并委托给我？

团队问责

团队应该有一个总表，显示团队客户外部资产的情况。该表格应在团队的营销会议期间进行评估和更新。该表作为一种问责工具，可以表彰获取现有客户外部资产份额的团队成员。它还为每个团队成员提供了一个平台，就获取外部资产的办法集思广益，同时就他们在获客工作中可能遇到的挑战接受相关建议。

策略 6　潜在客户渠道

为了使团队的市场营销部门有效运作，它们必须建立和管理潜在客户渠道。团队获客成功的主要指标是它们的潜在客户渠道的实力及其管理效率。潜在客户主要指顾问已经见过，并且愿意请顾问帮助其管理全部或部分投资资产的富裕人士，他们符合顾问愿意服务的最低资产要求且同意与顾问保持联系。

我们已经明确对于大多数团队来说，理想的潜在客户数量是每个理财顾问团队成员负责 25 人。举例说明，50 位潜在客户在未来 12 个月内应当有 20%～30% 转化为实际客户。我们还发现，每个理财顾问团队成员负责 25 位潜在客户对于团队来说是一个可控的数字。一旦建立可以容纳 50 位潜在客户的渠道，每添加一位新的潜在客户，就会有一个最弱的潜在客户被剔除。这么做可以打造一个潜在客户质量不断提高的渠道。

像服务现有客户一样对待潜在客户

我们的策略是让顾问将潜在客户当作最佳客户一样对待——以行动证明潜在客户与其合作会比与现有的顾问合作更好。我们的研究表明，富裕的客户更喜欢每月与顾问联系，形式包括面对面的会议和电话交流。

顾问应当不断想办法与潜在客户建立更好和更深层次的关系，并且每月对潜在客户执行这些策略。最有效的策略是通过电子邮件向潜在客户发送想法、白皮书或建议，并且通过电话或面对面的会议进行跟进。其他与潜在客户联系的例子包括：

- 投资建议。
- 资产配置变化。
- 对特定资产的研究报告或观点调整。
- 活动邀请。
- 生日电话。
- 关心他们家庭生活中的重大事件。

我们发现，如果团队将他们的潜在客户渠道拓展到每个成员负责25位潜在客户，并且有效管理这一渠道，他们可以期望每年至少有25%的潜在客户转化为客户。这一流程的基础是顾问将自身定位为潜在客户强有力的第二选择。通常，第二名的位置没有竞争，因为当多数顾问无法立即将潜在客户转化为客户时，他们要么放弃潜在客户，要么带着良好的意愿将潜在客户归档以期后续跟进。由于将自己定位为第二选择，顾问在该位置上不会面临竞争，当现有顾问犯错而客户正在寻找其他选择时，排在第二位的顾问将上升到第一的位置。

团队问责

在营销会议期间，团队应评估潜在客户渠道，同时每位理财顾问需要针对特定潜在客户信息进行简要的更新。这么做可以让每个团队成员都有机会从其他成员那里获得建议，有助于维持与潜在客户之间的相关度，克服特定挑战，以及讨论何时将潜在客户从渠道中剔除。这也是一种问责工具，能够促使理财顾问团队成员坚持培养潜在客户，同时用于表彰他们将潜在客户转化为客户的功劳。

策略7 细分市场

该策略在开发新客户方面具有公认的优势而且没有弊端，这是一个成功的组合。细分市场营销之所以有效，是因为随着个人变得更加富裕，他们认为自己有权与专门负责其职业或生命阶段，并且了解他们独特和复杂的财务问题的理财顾问合作。如果潜在客户认为某团队对他的职业或生命阶段有专长，而他当前的顾问不具备，这将成为潜在客户将关系转移到该团队的充分理由。

细分市场营销的另一个好处是，大多数的职业中都有一个特定的小圈子，如果团队在某个职业领域中建立了良好的声誉，那么从同行那里获得客户转介绍会容易得多。当这些参考和引荐来自内部时，它们的影响要大得多。如果一个团队掌握并深耕于某个细分领域的专业知识和技能，它们就能淘汰大多数竞争对手，因为大多数团队并没有花时间或努力实现专业化。

最后，或许团队培育专业化知识和技能最充分的理由，是最成功的获客者都是专家。在我的《如何成为令人信赖的理财顾问》(*The Million-Dollar Financial Advisor*)一书中，我采访了许多业内最成功的顾问，他们都认为自己是专家。

顾问团队在培育专业化知识和技能，以及开展细分市场营销过程中遇到的最大反对意见是，这么做会阻止他们吸引专业领域之外的富裕人士。解决这一难题有一个简单的方案，那就是团队将细分市场定位为他们业务中的一个部门。为一项业务设立一个部门或多个部门是许多大型法律和税务会计公司的标准运营模式，同样的模式可以应用于理财顾问团队。通过为我们的业务设立部门，顾问团队将收获细分市场营销的全部好处，同时不会放弃与细分市场营销领域之外的富裕人士合作的机会。

以下回复可作为细分市场营销的话术：

"在我们的团队中，我们有一个部门，该部门在指导单身女性经历人生转折方面拥有丰富的专业知识和技能。"

"在我们的团队中，我们有两个部门：一个部门专门负责服务公司高管，另一个部门专门负责服务医务人员。"

制订一份细分市场计划

我会建议团队依据以下 4 个概念制订正式的细分市场营销计划。

确定细分领域

如果团队没有合适的细分领域/专业知识，则应该确定一个。当我指导团队如何确定细分领域时，我会请他们考虑以下选择：

（1）**自然市场**。找出最佳客户的职业（退休也算作一种职业），确定团队是否拥有现成的市场，可以作为团队细分市场的基础。

（2）**过去的经历**。理财顾问团队成员往往在成为理财顾问之前已经拥有一份职业。他们可能认识该领域的富裕人士并且知道如何与他们联系。此外，他们了解这类专业人士独特和复杂的财务问题与挑战，并可为之提供相关服务。如果某个职位的潜在客户知晓顾问在个人经验层面了解其职业的话，这将成为该市场的强大连接器。

（3）**市场人口特征**。在每个城市中，富裕人口至少有一种地域性的特征。找出你所在市场中的自然富裕人口，并且培育该职业领域或生命阶段所需的专业知识和技能，从而充分利用这些人口特征。示例包括：

- 硅谷——软件技术企业家。
- 明尼阿波利斯——《财富》1 000强企业高管。
- 纽约——金融服务高管。
- 亚特兰大——电缆技术高管和企业所有者。
- 丹佛——企业家。

（4）**默认的细分市场**。培养专业知识和技能，并为从财富积累向财富分配过渡的个人提供服务（婴儿潮一代）。这个细分市场很大，在美国，8 000万人中每天有10 000人退休。这些人非常重视获取必要的现金流，以满足他们停止工作后的各类生活方式所需。在可预见的将来，帮助他们解决该类需求的顾问团队将面临极大的业务空间。尽管许多团队或许已拥有这类专业知识和技能，但如果没有制订和实施细分市场营销计划的话，他们则不能充分利用细分市场营销的力量。

获取知识和技能

对于富裕客户而言,与擅长他们职业或生命阶段领域的团队合作,其价值在于团队提供的专业知识和技能。作为团队细分市场计划的一部分,团队必须明确它们是否具备有效服务细分市场的必要专业知识和技能。如果不具备,则需要制订一项计划以培育该类专业知识和技能。可以探访团队重点细分领域的客户,并且寻求如何最大程度开拓该领域的相关建议,这也是一个很好的做法。对于大多数团队来说,好消息是它们的公司为几乎所有细分市场提供专家和资源。

制订一份营销计划

为了充分发挥专业知识和技能,团队需要制订一份市场营销计划,明确如何将现有的获客策略纳入其细分市场计划。以下是团队将细分市场营销与其他 6 种核心获客策略相结合的方式:

(1)**客户转介绍**。如果团队在年度评估和转介绍对话中充分解释了团队的细分领域,转介绍人数则会大大增加。团队的每个客户都应该了解团队的细分市场,便于他们帮助团队发掘能够受益于团队专业知识和技能的潜在客户。参考本章前面提到的"小世界"概念,这一做法特别适用于在团队专业领域内工作的客户:这是"帮助客户即是帮助自己"的经典案例。

(2)**专业转介绍的关系网**。注册会计师将客户推荐给理财顾问有两大原因:"他们喜欢并信任"顾问和"他们相信顾问具有一定水平的专业知识和技能,可以使他们的客户受益"。通过与专业转介绍关系网共享信息,这些帮忙转介绍的专业人士能够找出他们客户中有望受益于该类专业知识和技能的人群,从而使转介绍变得更加容易。

（3）**事件营销**。为团队细分市场的客户和潜在客户开展量身定制的活动。这样做可以让现有客户更加容易邀请处于相同职业或生命阶段的同事和朋友来参加。

（4）**合适的地点 – 合适的人**。直入主题的细分市场营销会特别有效。当理财顾问团队成员与富裕的朋友或家庭成员接触，并提供面向该类人群职业或生命阶段的专业知识和技能时，其营销行为是有说服力的。当个人的现任顾问不具备这种专业知识和技能时，这类营销尤为有效。

（5）**外部资产**。当富裕的客户属于团队的细分领域时，理财顾问团队成员能以令人信服的理由，说服该客户为什么要将所有的资产集中委托给团队管理。

（6）**潜在客户渠道**。正如我之前提到的，富裕人士会被了解他们独特的财务状况且具备专长的理财顾问所吸引，重点提及正在与之合作的行业领先机构同样有助于顾问更加容易吸引到潜在客户。

品牌推广

团队需要让全世界知道它们在细分市场中的专业知识和技能，否则，它们将不能充分发挥这一策略的效力。大多数顾问团队没有丰富的营销经验或不善于营销，但这并不影响团队品牌的推广。品牌推广可以让全世界知道团队所拥有的专业知识和技能，它可以是正式的，也可以是非正式的，以下策略是正式和非正式品牌推广的示例。

- 正式：
  - 团队网站。
  - 每个团队成员的领英个人资料。

- 市场营销材料。
- 团队的价值主张。
- 在细分市场的行业期刊上发表相关文章。
- 赞助细分市场活动和加入相关协会。
- 在细分市场的本地行业期刊上投放广告。
● 非正式：
- 客户转介绍对话。
- 社交对话。
- 在细分市场中传播口碑。
- 专业转介绍对话。

团队问责

在团队营销会议期间，应当分享细分市场的最新动态、成功案例和挑战。

细分市场策略实际上是对所有其他获客策略的强化。在执行过程中，它可以使其他策略变得更加强大和更加富有成效。当一个富裕的潜在客户问："我为什么要向你投资100万美元？"理财顾问团队可以提供的最佳答案是："因为我们的团队有一个业务部门，专门研究和处理您这样的专业人士才有的独特且复杂的财务问题。"

营销会议

团队营销会议是将所有获客策略都联系在一起的"胶水"。这是建立和维持市场营销部门的基础。我建议团队定期举行营销会议，重点讨论这些获客策略的实施情况。这类营销会议促使每个团队成员对其获客策略负责。它还提供了一个机会，对已经获得成功的单个团队成员进行表彰并提供一个追踪获客成果的渠道。

团队营销会议的频率取决于团队的偏好。我提出 3 项建议，你们可以接受其中的任何一项：

（1）每周团队会议的一部分时间专门用于讨论市场营销，至少花费 15 分钟的时间。

（2）每月单独召开 2 次 30 分钟的会议。

（3）每月单独举行一次会议，通常为 60 分钟。

如果将团队的获客会议作为每周团队会议的一部分，那么更实用的做法是仅审查一种或两种策略，并且每月安排一次或两次周会议用于审查客户渠道。

议程应简单并且规范化：

- 提示关于资产和当年新客户的既定目标，如果条件允许也可以包括季度目标（高级团队负责人）。
- 审查结果和确认机会。
- 提醒团队实现市场营销部门目标的自我驱动力和重要性（高级团队负责人）。
- 审查每项已经落实的获客策略——进展、挑战、反馈和问题（每个团队成员都须参与）。
- 由每个理财顾问团队成员对潜在客户渠道进行审查。
- 审查活动日程。
- 审查其他注意事项，确保每个团队成员都能就如何改善获客策略提供反馈和意见。

市场营销清单

- ☐ 制定一个转介绍流程，用来发掘团队的忠诚客户，并邀请每个忠诚且高度满意的客户提供一次有价值的私人转介绍推荐。
- ☐ 遵循建议的5步方法来构建专业的转介绍关系网。
- ☐ 遵循成功事件营销的5项核心原则。
- ☐ 每个团队成员列出25个希望发展成客户但从未采用过3种转化策略的富裕熟人。
- ☐ 遵循建议的四要素资产获取策略。
- ☐ 将团队的潜在客户渠道拓展至每个团队成员，并且遵循在管理客户渠道方面列举的指导原则。
- ☐ 努力培养专长并将其打造成一个提供专业化服务（细分市场）的部门。在制订细分市场计划时遵循指导原则。
- ☐ 制定一项团队价值主张用于回答以下问题：我为什么要通过你投资我的资产？
- ☐ 按照建议召开团队营销会议。

第 11 章　建立流程

团队力量的两大主要驱动因素是：人员和流程。在前述章节中，我已经回顾了人员的影响力，我认为这是团队的最大驱动因素。然而，紧随其后的是流程的影响力。为了使团队最大限度地提升效率，它们需要具备灵活度，而实现这一目标的唯一方法是采取流程化的业务模式。

最高绩效的团队对业务的每项职能都能实现流程化，并且这毫无疑问是一个团队应当采取的最佳实践。实际上，团队越成功，他们拥有的流程就越多。在我采访或研究过的团队中有一家大型经纪公司，该公司排名前三的团队均通过流程化的方式开展业务：每个团队都为其全部职能建立了流程。效率最高的团队通过流程化运作，能够提高自身效率，从而专注于扩大高增长业务的规模和产能。

流程的威力可以通过流水线和医生办公室两个案例来说明。流水线是促使美国劳动力从农业经济转向工业经济的最重要诱因之一。亨利·福特意识到要增加汽车的销量，则必须使汽车成为家庭能够负担的消费品，但如果每辆汽车单独制造，其零售价格必将超出普通美国人的承受范围。必需性是发明的原动力，亨利·福特发明了能够使汽车批量生产的流水线，每个工人只需处理其中一个环节，从而使得同时生产多辆汽车成为可能。结果是汽车变得更加廉价并且可以快速生产。流水线的概念已被应用于制造业和服务业的多个领域。

我一直被医务人员流程化的运作方式所带来的效率和生产力深深震撼。当病人预约去看医生时，病人先打电话给医生办公室并与其调度员预约。此人负责管理医生的日程安排，以及提示病人看医生前需做的准备事项。一旦临近会面时间，病人会收到一封确认日期、时间和准备工作的邮件。当到达会面地点时，病人首先会被要求出示保险凭证和填写医疗问卷。然后由护士招呼病人测量体重和血压。最后病人可以坐进诊疗室，而病人的相关资料则被放在诊疗室门外的档案（病例）箱中。医生在进入诊疗室之前，会迅速查阅病人的档案，然后开始诊询相关问题及进行相关检查。医生会根据需要开处方药或将病人转介绍给其他专科医生，最后在病人离开时将其档案交给接待员存档。若病人需要抽血化验，医生在读取病人化验报告后会亲自或让护士打电话给病人，告知其化验结果和必要的后续治疗意见。整个看医生的过程从开始到结束通常需要一两个小时，而医生的介入仅需15~20分钟。相比之下，这种门诊医疗服务需要收费200美元。这种流程化的运作使得医生每天可以接待多达20名患者，并在5个小时内创造4 000美元的收入。

每当我与一个新团队合作时，我总是会问该团队的运作模式是否类似于医生办公室。他们对于这个问题的回答为我提供了一些对他们的基本了解，用于衡量后续需要投入多少精力来打造流程化的业务模式。许多与我合作过的团队并没有现成的流程，导致他们每天都在做重复的工作，这是效率低下的表现。但是，一旦团队将流程付诸实施，团队的工作会得以改善，业务开展也更加成功，效果可谓立竿见影。

流程最佳实践案例：客户细分

尽管流程需要很长的时间才能建立，但一旦建立和实施，它就可以确保高质量的客户体验并为理财顾问节省时间和提高效率。以下是一个示例，该示例说明了如何建立全面详尽的客户细分流程。该示例不仅可以作为客户细分的指南，而且还可以作为团队各项业务开展时建立流程的指南。

步骤1：明确50位客户是每个理财顾问能够服务的理想家庭数量，并且设定每个顾问服务家庭数量的上限为100个。这些指标是团队进行客户细分的红线。

步骤2：每个理财顾问团队成员都应对超过上限或低于最低标准的家庭进行剥离。客户经理可以替团队接管那些较小的客户。

步骤3：对于每位客户要做到经常联系，联系的次数将取决于关系的亲密程度。

步骤4：确定理财顾问团队合伙人与分配给客户经理的客户开展互动的方式和频率。我建议在开展年度检视时，团队合伙人花费30分钟与客户经理负责的客户进行交流。

步骤5：为理财顾问团队成员制定话术示例，以便将客户转交给客户经理时使用。

步骤6：确定每次客户联系和检视之前需要做的准备工作。让团队的行政管理人员准备必要的清单，并在检视之前准备妥当。

步骤7：确定如何开展正式和非正式的联系，并将日程安排工作指派给团队的行政管理人员。我的建议是非正式的月度联系电话和季度客户检视应当提前安排。

步骤8：在每次联系后撰写纪要和总结，并将后续任务分配给团队的行政管理人员。

步骤9：创建和维护这些纪要文件，以便在下一次客户会议之前审阅。该类文件包括纪要、客户的个人资料、已完成的步骤，以及客户应该接触和了解的金融产品与服务。该类文件还应涵盖业务拓展机会等相关内容，例如客户转介绍、活动邀请和理财顾问在这一年里应当考虑获取的其他客户资产。

步骤 10：根据预先确定的频率，为理财顾问每月主动联系客户和开展客户检视建立时间规划。

规划团队流程

协助团队规划和设计流程时，应重点关注第 4 章讨论角色与职责时提到的 4 个部门。每个成功的企业都有产品部门、服务部门、市场营销部门和人力资源部门。

团队需要确定自己目前拥有哪些流程，以及需要为这些部门开发和规划哪些流程。本章提供了团队应该考虑采纳的建议流程列表，但它不是一个万能的列表，依据团队提供的服务类别，可酌情采用其他流程。

市场营销部门流程

如果希望了解更多有关市场营销部门流程的详细信息，请参阅第 10 章。

- **客户转介绍**。引进一项持续主动转介绍客户的流程是获取新富裕客户的最有效策略。
- **专业转介绍的关系网**。有志于扩大专业转介绍的关系网的团队需要制定一项流程，让客户允许他们联系客户的注册会计师及律师，保持定期会面和沟通以建立必要的信任关系。
- **事件营销**。执行 10×10 的事件营销流程，在后续 48 小时内跟进潜在客户，同时确保 50% 的参与者是潜在客户。这些活动需提前一年规划安排。

- **外部资产**。团队需要制定流程以识别客户的外部资产并跟进其状态，制定和实施策略将这些资产纳入团队管理。
- **合适的地点 – 合适的人**。每个理财顾问合伙人都应列举至少 25 个可能成为客户、有私交的朋友，并尽量采用市场营销部门那一章中提出的 3 种转化策略。团队需要制定流程将这些富裕的私人关系转化为潜在客户并最终变为实际客户。
- **潜在客户渠道**。团队需要为每个理财顾问团队成员的 25 个有私交的朋友建立渠道。每月通过面对面会议或者语音的形式与这些客户保持联系，以团队最佳客户之礼来对待这些潜在客户。
- **细分市场营销**。制订细分市场计划，将善于某一领域或生命周期财务规划的部门进行整合。细分市场计划应包括：找出细分市场与所需的专业知识和技能，利用细分领域专业知识和技能开展营销活动，通过品牌宣传使外界了解团队的细分市场专业知识和技能。
- **转介绍材料**。团队应设计一个转介绍材料模板用于潜在客户会面。转介绍材料应采取标准化的格式，同时可根据特定潜在客户场景提供定制化内容。转介绍材料是对团队成员、财富管理流程、价值主张及其专长的重点展示。
- **价值主张**。制定一项价值主张并且能够随时展示给客户。价值主张需同时包含较短的简化版本和较为丰富的扩展版本。
- **营销会议**。团队合伙人每月需要至少开一次会议，以评估过去的获客活动和取得的成果，并为未来制定目标。每个合伙人都需要分享他们上次会议之后的成果和活动，同时需要评估客户渠道。

服务部门流程

- **客户联系**。团队应为理财顾问成员建立标准化的流程,用于联系其最重要的50位客户。我的建议是使用8/3/1体系,该体系是按以下方式组织的月度联系方法:

　　8次非正式的月度接触以联系客户(通常为15分钟)。

　　3次正式的季度客户检视,条件允许的话须当面进行(通常为30~45分钟)。

　　1次年度客户检视,也可用作第四季度客户检视。这些客户检视均需当面进行(通常是60~90分钟)。

- **存档**。团队应对客户联系、会议和客户检视内容进行标准化存档。每次与客户联系后都应立即记录存档。存档为理财顾问将来的联系活动提供了宝贵的参考价值,同时也用于满足合规需要和美国劳工部的监管要求。

- **个人的重要时刻**。为了培养忠诚的客户,团队需要考虑个人重要时刻或服务中的惊喜时刻。这些时刻需被固化为流程。非理财顾问人员可以代表理财顾问管理这些流程。例如:

　　周年纪念。庆祝客户与顾问开始建立业务关系的日期。

　　随机友善服务。找机会庆祝和见证客户生活中发生的特殊场合和事件。

　　最特别的日子。知道客户一生中最特别的日子,每年为之庆祝。

　　财务里程碑。庆祝和见证客户实现财务里程碑的时刻,例如退休、孩子大学毕业、还清抵押贷款以及其他重要的财务目标。

　　活动。每年至少邀请客户和配偶参加一次有趣的私人活动。

- **客户引导**。制定和执行一份90天的新客户引导清单,确保新的富裕客户能够享受世界一流的服务体验。通过谨慎承诺和超额服务，为培养忠诚客户打下基础。客户引导清单可以包含：

确保及时完成所有的账户迁移和新账户开立等相关文书工作。

给新客户分配销售助理，在开设账户后的 48 小时内给予介绍性致电。

举办介绍性电话会议，邀请客户与所有与客户有关的团队成员通话。

向客户赠送感谢卡和与投资相关的图书，我们推荐本杰明·格雷厄姆的《聪明的投资者》，《沃伦·巴菲特之路》，或者杰里米·西格尔的《股市长线法宝》。

与新客户一起查看首月和第二个月的报表。

在前两个月里，每月都要开展 2 次主动联系。

让客户经理做一次欢迎致电。

- **客户档案**。强烈建议为每个理财顾问团队成员的最重要的 50 位客户建立书面档案。该项档案旨在发现并跟踪客户的个人信息。这是触动客户和创造惊喜时刻的基础，这些信息可能包括客户一生中特殊的日子、子孙后代、兴趣爱好、慈善意愿等。

- **来电回应**。每个接听来电的非理财顾问人员都应具备标准化的口径。这么做能够保证专业性和为理财顾问筛选电话。

- **主动服务电话**。该流程代表了行政管理团队成员的主动服务。这一对外电话旨在抢先一步为客户提供帮助，尤其是在客户遇到问题、挑战或事件之前。建议团队保证每位重点客户每年能够收到 2 次主动服务电话。

- **解决问题**。团队应建立解决问题的流程。我建议制定"沟通和升级"流程，如果客户提出问题，则会被分配给团队成员解决。如果问题解决的过程出现延迟，该问题应被提交给资深成员，同时与客户沟通解决问题的进展。
- **客户细分**。团队应当建立一个流程以识别最佳客户，确保他们获得最优质的服务、最频繁的沟通和最佳的服务体验，他们的理财顾问应确保每年至少 10 个小时的承诺服务时间。如需了解该项流程的更多细节，请参阅本章前面的"流程最佳实践案例：客户细分"。

财富管理/产品部门流程

财富管理流程的制定和实施主要用于指导客户达成财务目标。最优秀的业务团队往往在其执业的过程中采用大量的财富管理流程。这一流程可以围绕世界一流服务的 5 个基石来构建。

客户尽调

团队应将 3 个要素纳入他们的客户尽调流程。第一，在任何情况下，尽调会议都应当面开展并且邀请一家之主及其配偶参加。第二，会议应以问卷模板为指导，将大部分时间用于全面了解客户的情况。第三，确保已充分了解客户的风险承受能力，并且确保这一了解基于现实，与客户目标相关。

客户检视

每一季度的检视流程需由 7 个部分构成：

（1）开场。创造融洽的氛围并介绍议程。
（2）更新。更新客户相关信息，包括目标、资产负债表和风险评估。

（3）业绩评估。评估投资组合表现和实现目标的进度。

（4）市场观点。传达对当前市场前景的看法和市场对客户投资组合的影响。

（5）财富管理规划。讨论遗产规划、风险管理（保险）和贷款（在年度客户跟进期间）等内容。

（6）总结。回顾会议中讨论的内容并就后续行动达成一致。

（7）最终提问。为客户表达自身想法预留空间。

扩大钱包份额

我使用 100% 钱包份额公式来帮助理财顾问团队构建流程，助力它们扩大客户钱包份额。该公式可以表达为：

$$P + D + E = 100（钱包份额）$$

P——在开展年度检视时，向每位客户强调集中管理客户的金融资产符合其最大利益，应当由单个理财顾问建立和执行财务规划，以期实现客户的财务目标。

D——评估客户尚未委托给理财顾问的所有资产、金融产品和服务。这一步可以在财务规划流程中完成。

E——在月度客户联系期间，向客户介绍合适的产品和服务。

基于目标的投资

最佳实践团队认识到富裕客户最重要的需求是成功实现财务目标。一名顶级顾问很好地诠释了这一理念："目标是一项尚未筹集到资金的债务，我们团队的目标是为这些债务制订资金筹集计划，使我们的客户能在可接受的时间范围内实现他们的财务目标。"以下是基于目标的投资的最佳实践：

- 深度客户尽调流程是建立客户目标的基础。
- 团队的目标是确定客户的最低目标、期望目标和理想目标，并且制订计划实现这些目标。
- 为所有资产制定基准，包括未曾委托给理财顾问的外部资产，以便将来纳入基于目标的检视中。
- 团队的评估应基于对现实目标的实现进度，而非依赖任意指数所代表的短期市场表现。
- 管理客户的期望，并在整个流程中提醒客户这些实际的期望。

投资纪律

许多最高绩效的团队制定了深思熟虑的投资流程。它们的投资流程大致具备7个特征：

（1）有一个明确定义、规范化的投资流程，而且能够很容易地解释给所有潜在客户和现有客户听。
（2）对客户进行投资流程的相关教育，以获得客户支持。
（3）将资产配置视作风险管理和获取业绩的途径。
（4）认为对经济状况具备一定的宏观判断是必不可少的。
（5）具有坚定的投资策略并且使用投资组合模型来实现规模效应，增强投资策略的可信度。
（6）不追逐投资风潮并且反对极端立场。
（7）认为业绩汇报是维持客户沟通的重要工具。

人力资源部门流程

以下是人力资源工作流程的示例。这些内容已在前述"分配角色与职责""工作检视与绩效评估""团队薪酬""最佳招聘实践指南"章节中做过详细介绍。

- **团队会议**。最佳实践团队使用的 3 种核心会议方式，包括每日例会、周度例会和年度战略会议。
- **书面岗位职责**。每个团队成员都会有一份正式的岗位职责说明，以确保每个人都清楚自己的职责和汇报路径。
- **绩效评估**。评估活动每半年开展一次，重点关注每个团队成员手中 3~5 项高优先级任务，这些任务在岗位职责中均有描述且附带管控措施，绩效评估活动用来衡量和评估这些高优先级工作的执行情况。
- **薪酬**。薪酬主要分为 3 项：基本薪酬、绩效奖金和团队奖金。这样的薪酬方案可以识别出业务能力最佳、效率最高的员工。
- **招聘**。对团队的招聘需求和希望招聘的最重要岗位进行全面分析。为招聘搭建渠道、面试和培训流程，以尽可能确保团队招聘成功。

重要提示，尽管我们相信本章列举的流程至关重要，但它们并不是打造团队流程的万能清单。更确切地说，它们是团队运营过程中应当采取的核心流程。

流程差距分析

在高度学习公司，我们创建了一个用于开发和改善团队流程的工具——流程差距分析，它既可用于确定需要开发的流程，又能对现有流程进行评估和打分。流程差距分析可细化到我们在第 4 章中提出的 4 个部门，描述我们认为所有理财顾问团队都应具备的各项流程。请参阅本书附录 B "流程差距分析表"。

在推荐的每项流程旁边，以 1~10 的分数对你现有的流程进行评级，其中 10 为最高等级。目标评级栏旨在完善目标，等级的高低将会影响目标的重要程度。例如，在市场营销部门中客户转介绍流程的目标等级可能是 10，而专业转介绍关系网的等级可能是 5。这些目标等级可以根据团队的优先事项变化进行年度调整。使用这一工具可以为每一名团队成员优化职责分配或检察实施某一职责的流程的结果。流程差距分析即是检视现状与目标等级之间的差距，或检察是否有特定流程尚未制定。团队需要为改进现有流程或开发新流程设定截止日期。

流程清单

☐ 梳理 4 个核心部门的现有流程。
☐ 使用"流程差距分析表"（附录 B）梳理和评估团队的现有流程和所需流程。
☐ 找出团队需要但部门缺失的流程。
☐ 建立你所需要但尚不具备的流程。
☐ 执行新流程并将监督职责分派给团队成员。
☐ 审查并更新团队流程，确保它们已经付诸实施并且有效运行。

第 12 章　团队领导力

我将职业生涯的大部分时间都花在了金融服务业的领导岗位上，从而得以亲眼看见良好的领导力所产生的积极影响。我也常常看到糟糕的领导能力是如何伤害组织的。高绩效的团队具备良好的领导力，因为缺少这一能力的团队永远无法成为一个高绩效的团队。

成为成功的理财顾问与成为优秀领导者所需的素质不一定相同，在许多情况下它们是相反的，大多数理财顾问团队面临这方面的挑战。与我合作过的许多最成功的理财顾问都是目标导向型、结果导向型的个人，而且具备强烈的自我认同感，但这些不一定是领导力层面的特征。伟大的领导者以团队利益为先，富有同理心，并且非常重感情。

很少有理财顾问接受过领导力培训，或者向担任领导职务的同事学习。当我成为美林公司的管理人员时，我必须参加一个正式的领导力培训计划，在那里我可以向导师和同事学习请教，因而有机会受到许多优秀领导者的指导。

大多数理财顾问加入这一职业是因为他们希望打造成功的顾问业务。在多数情况下，他们是企业家而非公司领导。我从很多理财顾问那儿了解到，他们对管理、办公室政治或者文书工作等毫无兴趣，认为领导岗位可能带来各类麻烦。具有讽刺意味的是，随着理财顾问变得更加成功，他们必须建立团队以充分发挥潜能。

我坚信即使没有特定的领导经验、培训或榜样，成功的理财顾问也会获得高效领导团队的能力。实际上，他们已经在与最佳客户打交道的过程中使用了这些领导技能。事实是，最优秀的理财顾问是他们客户的领导者；如果他们能够将已经在客户层面展示的领导技能与他们的团队联系起来，那么他们会成为团队所期望的领导者。以下是卓越的理财顾问在日常客户交往中运用领导力原则的实例。

- 在财务规划中确立愿景。
- 指导客户应对动荡不定的市场，做出艰难的决定。
- 经常与客户沟通，提醒他们财务规划的内容和遵循规划的重要性。
- 带着同理心参与到客户的生活中去，帮助他们实现希望和梦想，同时注重平衡他们的风险承受能力。
- 促使自己和客户遵守实现财务目标的相关纪律并为之负责。
- 始终将客户的利益放在首位，并始终遵守道德规范。
- 做一个良好的倾听者，聆听客户的需求、恐惧和梦想，帮助客户实现与这些问题相关的目标。
- 将运营工作委托给行政管理团队的成员并让他们负责。
- 优先完成最重要的任务。

将领导职能授权给低级别的团队成员

我还看到了一些高级理财顾问将团队的领导职能授权给低级别成员的例子，这些成员要么具备必要的领导能力，要么愿意承担领导职责且致力于培养必要的领导能力。泰勒·格洛弗（Taylor Glover）的团队就是一个很好的例子。

当我与泰勒合作时，泰勒是美林证券的业绩之王，并且逐步建立起一支出色的团队。泰勒是一位高效的领导者，但他仅热衷于吸引新客户以及服务最大的客户。泰勒对于团队最宝贵的贡献是他与团队最佳客户之间的关系和他所发展的业务。因此，他任命阿特为团队负责人的决定颇具先见之明。阿特是一位天生的领导者，同时拥有银行高管经验。阿特让泰勒做最重要的决策，而自己则负责团队的日常管理。本质上，他成了团队的首席运营官。阿特负责确保团队遵循投资方案、开发和实施团队的服务模型、雇用和解聘团队员工、开展员工绩效评估、解决团队成员之间的纠纷，以及制定团队员工的薪酬。泰勒参与了很多决策，而阿特将这些决策落到实处。

核心团队领导力原则

深入探讨如何成为高效的领导者不在本书的范围之内。然而，我们在本书中讨论的最佳团队实践可以用于培养出色的领导才能。如果团队领导者利用这些团队最佳实践，他们将成为高效的团队领导者。

吸引、培训和留住人才

对于每个团队负责人而言，最优先要做的事情是吸引最优秀的人才、培育人才并通过培养快乐而且成功的员工来留住人才。分配适当的责任、提供公平的报酬和给予持续的表彰认可是留住人才的基石。这些团队最佳实践主要在"最佳招聘实践指南"（第 8 章）中介绍。如果团队负责人建立了招聘章节中列举的流程，他们将拥有一支优秀的团队。正如理查德·布兰森先生（Richard Branson）所说：

"努力培养员工，使他们强大到足以离开，同时充分信任他们，让他们不愿离开。"

问责

问责意味着对角色与职责、绩效评估和薪酬等环节进行监督。确切地说，通过书面的形式确定每个团队成员的责任，团队成员能够了解他们的职责范围和绩效评估的基础。薪酬制度必须公平地反映这些角色及职责的完成情况，并以丰厚的薪酬来奖励高绩效的成员。团队负责人必须借助薪酬和表彰两大方法来公平地对待团队成员，并且对低绩效采取零容忍的政策。公平并不意味着平均，表现最好的成员必须得到丰厚的薪酬和表彰，而表现不好的成员必须承担后果。如果不维持这种平衡，那么将会导致团队成员士气低落和绩效滑坡。这些团队最佳实践在分配角色与职责（第 4 章）、绩效评估（第 5 章）和薪酬（第 6 章）章节中均有介绍。

诚信

团队成员需要信任他们的领导者。团队负责人必须做到言行一致。团队的完整性始于高层，而团队负责人必须以身作则。团队成员会观察团队负责人对待客户和其他团队成员的行为。任何偏离行为准则的失信行为或者言行不一致的举措都会传递出一种信号，即不良行为是可以容忍的。

团队负责人必须对任何团队成员的失信行为保持零容忍。团队的表现取决于其短板，某一个团队成员的不道德行为将祸及整个团队，在基于信任的行业中尤其如此。

愿景

每个人都追求工作的目标和意义。作为领导者，团队负责人应当成为伟大的梦想家，并采取行动，激励团队去实现梦想。他必须能够向团队提供并阐明一项愿景，该愿景可以激发和鼓励所有团队成员实现共同的愿望。共同愿景还可以促使团队成员专注于最重要的活动，帮助他们制定明确的工作目标。

团队负责人应与团队成员合作制定业务规划，清晰描述实现团队愿景的方法、交流实现愿景的进度，并且依据团队成员在执行业务规划过程中承担的角色进行问责。这一团队最佳实践在"愿景"部分（第 3 章）有所介绍。

沟通

团队负责人应当与员工持续沟通并虚心接受团队成员的反馈意见，这是最重要的领导力原则。作为一个高效的团队负责人，成为一个好的倾听者至关重要。团队负责人必须愿意鼓励团队成员挑战自己的想法和方向。对于担任团队负责人的成功理财顾问来说，这一技巧可能是最具挑战性的任务之一。尽管倾听技巧对于他们的理财顾问角色非常重要，但许多理财顾问在作为团队成员时并不擅长这一技巧。

最优秀的团队负责人保持开放的态度，欢迎团队成员输入、反馈和挑战，因为他明白双向沟通可以使团队变得更好。团队负责人必须参与（不一定是主持）所有的团队会议，并借助这些会议来强化正式的团队沟通。沟通章节（第 7 章）介绍了这项团队最佳实践。

决策

要成为一名高效的团队负责人，首先要做一名好的决策者。一名好的决策者可以迅速做出结论，同时吸收整合其他团队成员的观点。

我从作为领导者的经验中学到，你无法做出完全正确的决策，并且你永远无法事前确定自己的决策百分之百正确。如果你无法确保决策正确就永远不做决定，将会使团队陷入瘫痪。领导者必须接受的是，尽管有良好的期望，决策仍然可能出错，他们需要承担这些决策的后果，伟大的领导者可以从错误中吸取教训并且努力前行。

我最喜欢的一句关于良好决策的描述来自一位绅士，即对团队有重大影响的事项必须立即做出决定。佩顿·曼宁（Peyton Manning）是历史上最伟大的美式橄榄球四分卫之一，他曾说："你可以成为勇士或忧虑者，但伟大的领导者做出决定时，不会有丝毫轻率的动摇、摇摆不定或胡思乱想。"

我学到的最有价值的一项领导力课程就是鼓励管理团队成员参与决策。通过多元化的观点验证或挑战我的思维过程，我总能做出更好的决定。同样重要的是，我对这些不同的观点充满信心。我鼓励团队负责人遵循相同的流程，并在做出重要决定之前从其他团队成员那里获取多样化的观点。

授权

从本质上讲，理财顾问不喜欢放弃控制权，他们通常会对客户产生深切的责任感，并意识到自己与客户的生计都与做好工作息息相关。受这种责任感的驱使，理财顾问很难将控制权交给其他团队成员。然而，如果无法有效授权，团队负责人将永远无法实现团队利益的最大化。

团队负责人必须确保其团队有能力处理理财顾问授权给其他人的非"三大任务"。团队负责人同时应成为有效授权的榜样。"分配角色与职责"（第 4 章）介绍了该项团队最佳实践。

优先级排序

团队负责人需要根据团队的愿景和业务规划，不断提醒团队成员最重要的优先事项。如果不强调和强化团队的优先级意识，团队成员很容易被每天无休止的劣后级任务分散注意力。较高优先级任务的例子包括获取新的富裕客户和资产、提供世界一流的服务、执行详尽且规范化的投资方案、频繁和高质量的客户沟通，以及对业务中的客户进行细分（确保大部分的时间和精力是花在团队的最佳客户身上的）。这些优先级事项可以通过团队会议传达。

保持积极的态度

最好的领导者是积极的榜样。高难度的挑战总会出现：艰难的市场、关键客户的流失、合规问题和人力资源挑战。团队领导者必须坚强面对这些挑战，并在团队内部发挥积极作用，以便其他团队成员可以在真正需要领导时寻求帮助。

多年来，我了解到积极乐观的态度能够鼓舞士气，而悲观情绪会使人气馁。很多时候，我对艰难的挑战和环境感到不知所措，但当我懂得克制那些负面情绪并表现得镇定自若时，便能为我管理的团队成员带来应对挑战所需的勇气。换句话说，即使面对艰巨的挑战，我也必须以身作则和展现积极乐观的领导才能。

好消息是，最成功的理财顾问本质上都是乐观主义者。这一领导力原则是大多数团队负责人服务客户时所采用的相对容易的领导力原则之一。

- **团队负责人薪酬**

高效的团队负责人对于实现团队成功和获取良好的投资回报来说至关重要。在组建团队时，应预先确定团队负责人是谁以及团队负责人的职责和薪酬。在垂直型团队中，团队负责人通常是高级合伙人。

最常见的团队负责人的薪酬是提高其占团队收益池的份额比例，以奖励其高效管理所需的时间和精力。这种薪酬模式不一定会占用团队总收益额的较大比例，但需足额回报团队负责人所创造的价值。

领导力清单

☐ 你是否花时间和精力为实现团队愿景做贡献，以此来鼓舞团队成员？

☐ 你是否将你的时间和精力专注在团队最重要的任务和可控的事情上？

☐ 你是否要求你自己和其他团队成员坚持最高的业绩标准？

☐ 你是否鼓励其他团队成员的投入？你是否愿意接受对你的观点的质疑？

☐ 你是否为新团队成员设立了最高标准？团队是否为其提供了高强度的培训？

☐ 你是否有问责标准？你是否表彰和奖励优秀或者突出的业绩表现？

☐ 你是否有积极乐观的态度？你是否对挫折具备抗压能力？

☐ 你是否分享团队价值观？你是否要求每个人都遵守团队价值观？

☐ 你是否已经建立了健全的团队文化，强调杰出表现和以客户为中心？

☐ 你是否以身作则，做你希望团队成员所做的事情？

☐ 你是否对诚信缺失的团队成员采取零容忍的态度？

☐ 你是否已经制定了一项团队愿景？你是否将该愿景持续传达给团队成员？

☐ 你在促进团队成长和改善的过程中是否愿意承担风险？你是否愿意改造自身和团队？

☐ 你是否能将心比心地去对待他人并向其他团队成员证明

你对他们的关心？
□你是否致力于自我提升？是否为团队建立学习和自我提升的环境？
□你是否愿意及时做出艰难决策？你是一位勇士还是忧虑者？
□你是否将团队成功置于个人成功之前？

第 13 章　高绩效团队案例研究

本章旨在重点介绍行业中一些最高绩效的团队。这些有特色的团队就是我在撰写本书过程中采访过的团队，并且许多团队的最佳实践均来自这些访谈。

理财顾问通过观察行业领先团队和高绩效团队领导者的做法，可以得到一些最有价值的见解。在实践中仿效，往往可以改善自己团队的运作。

理查德：招聘是重中之重

团队架构——水平型

理查德的团队由 4 名顾问（包括他本人）和 3 名客户助理组成。4 名顾问中，3 名是传统理财顾问，1 名是首席投资经理且拥有 CFA 资格。4 名理财顾问作为合伙人管理客户关系并负责业务发展。

合伙人在需要时互相协助，并确保他们的客户知道是整个团队在为他们提供服务。这么做强化了理查德认为需要传达的关键信息——团队具有深度、专长，以及丰富的经验。

这是一支水平型团队，2 个创始合伙人各自拥有 33% 的份额。剩下的 2 个合伙人依据他们的经验和加入团队时带来的业务，获得的份额比例分别为 20% 和 10%。该团队为 150 个客户提供服务，获取了约 500 万美元的收入。

理查德认为"业务必须是可管理的业务，团队需要定义什么业务是可管理的"。他认为，可管理的客户数量不是特定数字而是范围——他将其定义为"边界"。他很清楚地知道，高净值客户的需求更复杂，需要花费更多时间，因此，单个顾问可以服务的客户数量是有限的。

理查德赞同将 50 个高净值家庭作为每个理财顾问可管理业务的合理指标，他也相信拥有 CFP 资格的投资助理可以为合伙人提供巨大的支持。他的计划是聘请多个投资助理负责包括客户财务规划在内的相关工作，这些人之前可能是注册会计师或律师。这种类型的团队成员领取岗位薪酬，能帮助合伙人服务更多客户，因为合伙人可以将所有的规划工作委派给他们。他相信将来他的团队将拥有更少的合伙人和更多领取岗位薪酬的专业投资助理。

愿景

理查德分享说，团队花了无数的时间来研究收入模式以及讨论未来的增长目标。他的团队制定了 5 年的业务规划。他们专注于百万美元以上的新增家庭和新增资产，以实现业务拓展。业务规划还强调了问责制：不仅制定了目标，还明确了责任人。除了战术目标外，他们还明确具体行动目标，例如参加团队会议、成为优秀的团队成员和维持工作标准。他们在制订全面的接班人计划上投入了大量时间和精力。理查德认为，制订接班人计划对于与最佳客户进行沟通来说很重要，他发现拥有一个接班人计划可以使团队的客户安心。

沟通

团队每周、每季度都会召开正式会议。每周会议时间为 1 个小时，主要讨论日程安排、待解决问题和渠道审查。季度会议的重点是问责制和业务指标，将结果与当年设定的目标进行比较。

问责制

理查德认为，为整个团队和每个成员设定期望值是最高优先级的事项，这会增强每一个成员的责任意识。他认为团队中的每个人都应该具备可定义和可控制的指标，无论是职能型人员还是合伙人。理财顾问合伙人需要承担起发展新业务的责任，这是他们获得更多股权和更高团队分红的唯一途径。理查德的观点是，如果理财顾问不能带来新业务，那么挣取薪酬的员工可以代替该理财顾问——拥有拓展业务的能力造就了合伙人和普通员工之间的区别。

团队每年对所有职能型人员开展 2 次正式的绩效评估。绩效评估涵盖工作的方方面面：工作道德、态度，以及他们在可控且高优先级的任务与活动中的表现。

角色与职责

团队合伙人除了拓展业务，也应共同承担团队运营的责任。1 名合伙人负责人力资源，另 1 名合伙人担任团队的首席财务官。理查德是首席执行官，负责人力资源并担任团队最大客户的高级客户经理。

如前所述，理查德坚信投资助理应全权负责财务规划。投资助理负责分析股票期权和业务指标，他还要安排客户检视、预先审查客户过去的规划，制定议程并准备好客户检视会议。客户检视结束后，投资助理还会处理所有后续工作。例如，查看联系人管理系统，并生成过去 90 天内未联系过的客户列表。

薪酬

团队向高级客户助理支付的薪水为 75 000 ~ 95 000 美元，其中包括基本薪水和奖金。新客户助理的起薪通常为 60 000～65 000 美元。投资助理职位的起薪为 85 000 美元，且随着时间的推移最高可达 125 000 美元。团队还举行年度合伙人薪酬会议，从而确定每个合伙人的股权分配比例，依据是每个合伙人过去一年的贡献以及他们是否希望在来年减少工作（在这种情况下，他们的分配比例会降低）。

迈克：领导力的重要性

团队架构——垂直型

迈克作为高级合伙人，其组建的团队还包含其他 4 名成员。该团队共享 1 名客户助理，该员工同时兼任首席运营官并负责处理客户的所有管理要求，包括电汇、各类声明以及其他管理和运营事项。其他 3 个团队成员是金融分析师：2 个有 CFA 资质，另一个正在努力获得 CFA 资质。迈克认为，"团队的基因"主要以投资为中心。团队之所以只有 3 名分析师和 1 名客户助理，是因为他们与数量有限的超高净值家庭合作并且管理负担相对较小。迈克的团队管理着 10 亿美元的资产，收入为 500 万美元。

招聘

在招聘新的团队成员时，迈克重点关注愿意对团队做出长期贡献的候选人。他赞同稳定性的价值，这对他和团队的客户来说都很重要。

迈克希望雇用经验丰富的人而非首次工作的人。迈克希望雇用真正想要从事这份工作的人，而不仅仅是把这份工作作为过渡的人。他还认为，招聘在本地拥有稳定生活的人是有好处的。目前他的团队所有成员都拥有住房和家庭。

角色与职责

迈克高度重视金融分析师是否具有广泛的技能,从而可以在需要时互相帮助,他不想看见只有一个人才能完成关键任务的情况。在业务实践过程中,迈克让金融分析师参与不同的客户项目和不同领域的工作,以确保知识能够实现制度化及共享。金融分析师会与团队的客户保持持续的互动。迈克分享了一个与上市公司首席执行官会面的例子。尽管会议由他主持,但他让2名分析师也参加了会议。迈克希望从一开始就建立这种关系,这样当他不在办公室时,客户可以正常与分析师合作。

团队服务

在我采访过的所有最佳实践团队中,没有谁比迈克更加注重潜在客户和团队之间的契合度。团队高度专注于他们的使命并且清楚他们自己是谁、应该做什么以及可以为他们的客户创造怎样的价值,而非仅仅寻求业务拓展。

尽管他们有能力多服务 5~10 个新的超高净值家庭,但如果不具备契合度的话,他们则会放弃机会。迈克认为增加一个不适合自身业务的客户是浪费时间,他不会让这种事情发生。

领导力

为团队提供强有力的领导是迈克关注的重点。迈克与我分享过一些关于领导力的见解,包括以下内容。

- **决策**。问题不能自动解决,也不会消失。如果迈克认为团队中的某人有问题——表现、态度或与其他团队成员无法妥善相处,他会立即解决。否则,会助长不良习惯和激起怨恨。

- **合适的人**。如果你为团队选错了人，此人具有破坏性、没有团队合作精神或者个性刻薄，则必须尽快将其辞退。迈克使用了以下比喻："我的团队就像一条顺流而下的河；你希望河流顺畅地流动。不适合团队的人就像在河中横着的一块巨石，所有工作流程都需要绕着它走。"

- **高标准**。迈克坚信要为团队设定比最苛刻的客户要求更高的标准。他说："因此我才是团队中最苛刻的客户。"对于团队的标准和质量控制，团队负责人迈克设定了极高的标准，因此即使遇上最苛刻、最难缠、期望最高的客户也不会出现问题。

- **明确的任务**。迈克有一个非常明确的任务声明，同时撬动和训练团队以完成任务。

- **保持简单**。迈克认为这项业务并不复杂，但很难执行，需要纪律、专注和努力。他将团队的重点放在完成任务上，因此团队不会因为忙碌而分散精力，导致无法完成团队最高优先级的事项。

- **有效招聘**。不要因为急于招聘而降低招聘标准。迈克认为，耐心对于招聘到合适的人来说至关重要。他承认自己最大的招聘失误是在他不得不更换团队成员时急急忙忙填补职位空缺。他还认为，当你引进新的团队成员时，你必须强调团队的使命和优先事项并确保他们从第一天开始就专注于履行使命。

哈罗德：最重要的一项团队实践是沟通

团队架构——水平型

哈罗德是一个团队的资深合伙人，这个团队还有其他 6 名合伙人，其他合伙人的经验水平为 7 到 40 年不等。团队有 3 个投资助理：

1名401（k）专家、1名固定收益专家和1名客户经理（服务较小的客户）。团队还有1名首席投资分析师和2名支持他的助手。团队有4名高级客户助理负责为团队的客户提供服务，每名高级客户助理都被分派给1名或2名团队合伙人。团队还有2名初级客户助理，协助高级客户助理的工作，总计6名客户助理。初级客户助理专门负责准备客户检视，以确保合伙人拥有他们需要的所有报告和信息。

该团队有2名尚未获得合伙人资格的初级理财顾问，资格获取取决于他们引进新资产的能力。他们是团队创始合伙人的儿子，必须通过团队的长期接班人计划赢得未来职位。

该团队还让2名不属于团队的理财顾问担任临时合伙人。当团队合伙人获得一名低于百万美元标准的客户时，团队就会提供临时合伙人。哈罗德的团队对这些临时合伙人感到很满意，并在业务期间给予50/50的分成比例。他们将这些较小的机会介绍给这2名顾问中的1名，并对这些客户说："我们目前没有能力为您提供所需的服务，但是我们团队中有人可以提供，我想将您介绍给他们。"

这个庞大的团队由40多年前的创始高级合伙人哈罗德和比尔发展而来。在他俩合作时，哈罗德为富裕的个人客户服务，而比尔则拥有服务机构的经验。目前，该团队的收入为1 800万美元，它是所在州最高绩效的团队，也是所属经纪公司旗下最大的团队之一。合伙人服务拥有至少200万美元资产的新客户，但仍为百万美元左右的老客户服务。团队目前有60户资产超过1 000万美元的家庭，以及600个100万~1 000万美元资产的客户。这一数据代表7名合伙人人均管理了约80户家庭的资产。

沟通

哈罗德认为对团队而言最重要的就是沟通。除周四外，他们每天上午8:30左右都会召开团队会议。周一，整个团队开会并审查每周日程（打印版日程表）以及自上次会议以来出现的其他任何事项。哈罗德在房间内四处巡视，要求每个团队成员更新信息。周一的会议通常是30分钟。

周二是团队投资委员会会议，委员会由哈罗德、另一个高级合伙人和团队的首席投资分析师组成。首席投资分析师的工作是整理他们获得的所有投资新闻并确保整个团队观点一致。他还负责管理团队的委托投资组合。投资分析师和他的初级分析师帮助7个合伙人分担工作，避免合伙人在投资研究上花费不必要的时间。

周三的会议旨在让合伙人聚在一起审查潜在客户渠道。合伙人会维护一份包含所有潜在客户的清单。在周三的会议上，他们讨论对于维护每个潜在客户的看法、下次联系的时间、评估每个机会的可能性以及谁是与该潜在客户联系的最佳人选。依据哈罗德的说法，周三的会议旨在"避免潜在客户流失"。哈罗德相信，清单人数越多，业务就会增长得越快："潜在客户渠道是团队成长的主要指标。"周三会议通常是30分钟。

周五的会议着重强调过去一周的胜利成果。例如，团队讨论他们当月的收费数额创造了新高；讨论一名客户的近况，他是一个社团级别的助理教练，刚刚被聘为职业橄榄球大联盟（NFL）的教练；此外，还庆祝开立了一个350万美元的新账户。根据哈罗德所说："周五会议的目的是为了表明我们所做的事情值得庆祝。"周五的会议通常需要15分钟。

此外，团队每季度召开一次合伙人会议，大约需要2个小时，重点讨论更具战略意义的问题，同时就合伙人希望提出的任何问题进行公开讨论。总而言之，这些会议一周花费不到2个小时。这是一笔时间投入相对较少但能为团队带来收益的投资。高效组织和设计的团队交流不需要花费大量时间，却是一项可以为团队带来最佳回报的措施。

岗位职责

团队要求每个非合伙人成员写下他们的岗位职责以及来年的最高优先级事项。此外，每个非合伙人成员被要求添加他们计划承担并且能够帮助团队的额外工作，这些工作超出了他们岗位职责的范围。

问责和绩效

哈罗德指出，相比于团队成员的个人绩效，他的团队更关注团队绩效和个人对团队的贡献。引用哈罗德的话："我不能容忍听到有人吹嘘开立了一个新账户。我总是把他们叫出来，让他们知道是团队获得了这个账户——英国足球协会不是靠一个人建立的。"哈罗德还说："这就像是在小学评价报告上说：'他（或她）与他人合作得很好。'"

团队每半年对非理财顾问成员开展一次绩效评估，评估工作由他们所支持的合伙人负责。评估是主观的并且基于对团队的贡献、态度和团队精神。哈罗德解释说，如果一个团队成员的表现不佳，其他团队成员就会对该成员施加压力以促使其加把劲——同伴压力是强大的力量。

薪酬

两个创始合伙人将 700 万美元的老业务按照 50/50 的比例进行分成，这是他们在其他 5 个合伙人加入团队之前获取的业务。团队每年召开一次合伙人薪酬会议，并根据其对新业务的贡献来调整分配比例。创始合伙人致力于公平对待其他合伙人，并愿意放弃应得的利益。目前，两个创始合伙人各自获得团队业务总量的 22.5%。

非合伙人的薪水和主观奖金由 7 个合伙人于年终决定。高级客户助理的总薪酬为 100 000 ~ 130 000 美元。根据哈罗德的说法，投资助理的收入"高于高级客户助理的薪酬"。初级客户助理的收入通常为 40 000 ~ 50 000 美元。

非合伙人薪酬的预算是团队总薪酬的 11%，该预算是对公司基本工资的补充。每个合伙人依据业务分成比例为该预算贡献资金。例如，哈罗德获得团队业务收入 22.5% 的分成比例，同时贡献了团队薪酬预算的 22.5%（占团队薪酬总预算 11% 的 22.5%）。

愿景与重塑

团队对资产、百万级客户和业务增长设定了 4 年愿景。他们"像鹰一样"追踪自己业务的成果。他们的 4 年目标是从目前的 1 800 万美元增加到 2 500 万美元。

这个团队永远不会停止尝试变得更好，并鼓励持续地重塑过程来实现这一目标。哈罗德分享说，5 年前高级合伙人意识到如果他们想使自己的业务翻一番，就必须改变自身的业务模式——他们必须重塑自己。这一过程会迫使他们减少客户数量、雇用初级客户助理来支持他们的客户助理，还需要实施许多其他变革。这项重塑得到了回报：团队的业务在 5 年内翻了一番。哈罗德认为，要实现 2 500 万美元的目标，他们需要再经历重塑的过程。

领导力

哈罗德将他的领导角色描述为团队的拉拉队长。他认为他需要成为一个积极的榜样，且无论他的感受如何，他都需要向团队的其他成员传播积极的力量。他提倡团队合作精神和积极进取态度。

哈罗德让罗恩担任管理合伙人一职，罗恩在团队中已有 21 年，现年 43 岁。哈罗德认为罗恩与大多数非合伙人团队成员的年龄相近，可以与他们建立更好的关系。

哈罗德提供了一项额外福利，如果团队实现了设定的长期目标，则整个团队都会去旅行。去年，他们实现了自己的目标并前往拉斯韦加斯，4 天行程的所有费用都由公司支付。还有一次旅行曾到过巴哈马群岛的亚特兰蒂斯。如果实现下一个大目标，他们将去波多黎各度假，入住丽思卡尔顿酒店。

查尔斯和史蒂夫：掌控流程

团队架构——水平型

这是一个水平型团队，有 2 名高级合伙人、3 名客户助理、1 名分析师以及 1 名负责财务规划和代际规划的初级合伙人。该团队产生了 800 万美元的收入，主要在查尔斯和史蒂夫间进行平均分配，其中一小部分分配给了初级合伙人。他们管理着大约 15 亿美元的资产，与 130 个客户建立了合作关系。

作为理财顾问，查尔斯和史蒂夫负责客户关系管理和业务发展。3 名客户助理有不同的职责。首席行政客户助理协助服务新客户，包括建立新档案和设置信用卡。另一名客户助理侧重于服务持有较多限售股权的客户、准备客户检视和管理客户信息系统。他帮助合伙人跟踪重大事件及其客户的相关信息（例如客户的孩子在哪儿上学、客户的业余爱好是什么、客户最喜欢的慈善机构是哪家）。

第三名客户助理具有提供世界一流客户体验的丰富经验：在加入团队之前，他在高端酒店行业工作了 8 年。他的角色是持续提供出色的客户体验。例如，他每个季度都要确保向团队的客户及其注册会计师发送电子邮件，告知他们年初至今的投资收益和盈亏。

分析师负责所有客户的财务规划，并与客户开展大量互动。在引进客户时，分析师会审查财务规划问卷，了解并重新验证客户需求、长期目标和短期目标。然后，他输入和处理数据，并与合伙人一起制定投资建议。他还会对市场相关的投资、共同基金、对冲基金和私募股权进行分析。

初级合伙人马克是查尔斯的儿子。马克拥有 CFP 的资格并负责监督团队的财务规划流程。他负责千禧一代的客户关系，并确保团队为他们的高净值客户的所有家庭成员提供帮助。他还负责团队的联合创投基金和外汇基金。从长远来看，团队希望马克能够把握变化带来的机会：当客户的生活发生重大变化时，他会提醒团队抓住机会，整合和获取现有客户和潜在客户业务。

角色与职责

团队合伙人拥有互补的技能。合伙人相信每个团队成员都是"天才"，他们希望这些天才对团队的综合产品和服务有所贡献。查尔斯擅长讲故事，能够构想业务蓝图。他还负责团队的固定收益策略。史蒂夫拥有 CIMA 资格，负责为现有客户和潜在客户制定限制性股票和股票期权策略。

团队相信合伙人、客户助理和分析师之间是可以互相转化的，并且他们所有人都可以为全部客户提供服务而非局限于指定客户。客户将根据他们的需求与团队成员进行交流。如果是固定收益方面的需求，他们会与查尔斯交谈；股票期权的问题将直接交给史蒂夫。这种做法同样适用于客户助理——他们基于自身的专业知识和技能与客户进行交流，而不是因为他们被指派服务于该客户。

绩效与问责

合伙人每季度开展一次对团队成员的绩效评估，重点关注他们当前的角色和职责以及被分配的特定目标。在评估之前，合伙人会聚在一起与员工分享纪要、观察和经验。合伙人一起开展这些评估，过程通常持续 30 分钟。以下是绩效评估中涉及问题的一些示例：

- 你如何看待你当前的角色、职责和目标设定？
- 你是否想承担更多的任务？

- 你是否想减少任务量？
- 分享客户和团队对该成员的反馈意见。

愿景

团队拥有一本旨在实现其长期愿景的手册。该手册内容不会经常变化，但团队每年会对它进行评估并根据需要微调。团队的目标包括每年吸引 3~4 名拥有至少 1 000 万美元资产的客户，并且他们希望剥离 30~40 个较小的客户，以使他们的整体客户关系数量从目前的 130 个减少到 100 个。他们希望每半年增长 10% 的业务。

合伙人认为这本手册不应仅仅着重于业务指标，还应着重于压力水平、在客户及家庭方面花费的优质时间。团队合伙人将自己的个人目标包含在他们的手册中：与客户一起参加多少次有趣的活动（滑雪、高尔夫、钓鱼），有多少个周五可以休息，每周能在下午 5:00 之前下班的频率，以及他们使用了多少假期。

薪酬

团队的所有非合伙人成员都将获得一定比例的业务收入作为奖金。这包括客户助理和分析师 4 人，他们与团队在一起工作的时间越长，比例就越高。他们的基本薪酬是公司的基本工资，此外团队有两种其他方式向他们支付奖金。首先，团队将从公司那里获得的额外现金奖金的 25% 拿出给予非合伙人团队成员作为奖金。其次，团队向非合伙人团队成员支付团队业务收入的 0.25%~1.25%。例如，最高级别的客户经理和分析师可赚取约 15 万美元。合伙人每年将预算总额的 8% 支付给员工。以 800 万美元计，这将是 640 000 美元的团队薪酬。

合伙人认为他们的团队成员应获得业界最高的报酬。引用查尔斯的话说："去华尔街的任意其他机构，如果你能赚到比现在更多的钱，那你现在的薪酬过低了。如果能赚到与现在一样的钱，那么你现在的薪酬是合理的。如果找不到相似薪酬的岗位，那你现在的收入就过高了。我一直想成为薪酬最高的团队。"他们对员工的承诺带来了很高的忠诚度，除了退休以外只失去过1名员工。

合伙人的薪酬随着时间的推移而增长。当史蒂夫加入查尔斯的业务中时，查尔斯的收入约为170万美元，而作为新顾问的史蒂夫的收入还不到10万美元。针对旧业务，他们决定将业务收入的85%分配给查尔斯，而15%分配给史蒂夫，分配总额为200万美元，然后按照50/50的比例分配所有其他业务的收入。随着业务的增长和分配比例的接近，合伙人决定按照50/50的比例平均分配。

沟通

团队每周一上午8:00举行一次周度会议。一名客户助理整理议程并打印出上周、本周和下周的日程表。所有团队成员都要编写他们想在会议期间讨论的议程项目，团队会审查日程表、覆盖团队议程项目并讨论特定客户。这些会议通常会持续30~45分钟。客户助理们每周会召开一个15~30分钟的会议，讨论与他们有关的项目和问题。

团队还会举行一个年终计划会议，涵盖下一年的计划项目，审查战术和团队的客户。此外，他们根据需要召开特殊情况下的"团队集会"，这类情况可能包括重大胜利、新问题或需要传达的特定想法。

在完成重要客户或潜在客户会议之后，合伙人还将与团队的其他成员进行沟通。合伙人确认会议纪要并通过电子邮件将信息传递给其他团队成员，同时分配后续任务。目的是让每个团队成员都了解在重要客户或潜在客户会议期间发生的事情。

服务和流程

查尔斯认为："我们不是以自我为中心，而是以客户为中心开展业务。"其团队价值主张的核心部分是流程。他们的流程从给潜在客户的介绍会开始。他们专注于潜在客户的长期目标、梦想、短期目标和当前资产,他们还讨论潜在客户喜欢和热衷的事情,以建立融洽的关系和信任。

如果建立了牢固的联系并且潜在客户希望再进一步,则需制定一份财务规划。这份规划基于3个目标:基本目标、重要目标和理想目标。合伙人会安排一场邀请客户配偶参加的后续会议,并指导他们完成规划和审查3个目标。这次会议还将重点讨论潜在客户的现状以及合伙人认为他们可以达到的目标。这实际上是一种概念营销:合伙人能够审查各种可能性,像家族办公室一样提供全能服务——设计和实施财务规划以实现客户的目标。

向团队的每个成员介绍新客户是流程的另一个组成部分。查尔斯称其为"冯·特拉普上校①时刻"(Captain Von Trapp Moment)。团队中的每个人都会轮流花费60秒来介绍自己负责的工作、在哪儿上的大学等基本背景。目标是使新的潜在客户对团队充满信心。最后,团队需提出一个方案——通常是对费用和佣金进行减半。

团队服务的基石是投资模型——投资组合构建、核心投资组合和再平衡。代际规划是团队的另一项优势。他们所提供的服务的另一个核心优势是服务模式——月度联系,季度和年度客户检视。查尔斯和史蒂夫认识到,他们需要专注于对客户最重要的事情,而不是标准普尔指数的表现。查尔斯说:"当我们开始谈论他们的女儿的特殊需要时,就谈到了他们想谈论的——这些内容与他们的家庭有关,而不仅与市场有关。"

根据史蒂夫的说法,团队的目标之一是确定与绩效无关的2个或

---

① 电影《音乐之声》里的人物。在电影中,冯·特拉普上校让自己的7个孩子逐一向家庭教师进行自我介绍。——译者注

第 13 章 高绩效团队案例研究 | 195

3个非常具体的目标,例如投资组合产生的收入、节税投资和代际规划。他们精心设计了一个非常有说服力的价值主张,以总结他们的服务:"我们是一个由7人组成的团队,与少数几个高净值家庭合作。通常,他们是公司高管、退休人员或完成创业后退出的人。我们满足他们的所有财富管理需求,包括帮助制定个性化的财务规划、构建个性化的投资组合、挑选适合他们投资的单只债券和股票等。我们帮助客户制定与他们的目标一致的财产规划、子女教育和提供合适的贷款机会。"

领导力

合伙人想要确保团队中的每个人都全面跟上进度。查尔斯说:"我们希望他们了解我们的策略,希望他们了解我们的客户和业务开展结果。在每次团队会议上,我们至少谈论一位客户,选择一位所有团队成员可能都不了解的客户。"

合伙人每周都会向全体团队成员发送一封电子邮件,提醒他们最新的月度业务成果。查尔斯分享了一份电子邮件的内容:嗨,这是我们本月的成果,比去年同期增长了16%,而且这是我们有史以来表现最好的11月。做得好,本周我们一起吃午餐。

合伙人希望员工每天都以积极的态度来工作,而合伙人则通过自身积极的态度以身作则。查尔斯说:"员工的态度是他们完全可以控制的东西。"

市场营销

合伙人一直在寻找潜在客户——这主要依赖于客户的主动转介绍。例如,他们的一个客户是天然气公司的高级主管。查尔斯查看了该公司的网站,打电话问客户是否可以向另一位主管介绍他们的服务,客户同意了。会面后不久,他们将这个有1100万美元资产的潜在客户转化为现有客户。然后,查尔斯向同一位高管询问了网站上列出的另一个人。客户提到他喜欢打猎，并愿意与同样喜欢打猎的查尔斯一决高下。这次转介绍又带来了 1 000 万美元资产的客户。

史蒂夫使用相同的技巧定期查看客户的网站，并请求获得好的转介绍。在过去的 12 个月中，他们使用这种技巧获得了 5 个新客户，转移给他们管理的资产累计有 1 亿美元。

吉姆和小吉姆：家族合伙人

团队架构

吉姆的团队最初是一支垂直型团队，但后来儿子小吉姆成为高级合伙人，团队就发展成为一支水平型团队。目前，团队有 4 名理财顾问（吉姆、小吉姆、肯和玛丽），2 名高级客户助理和 1 名初级客户助理。吉姆持有的团队份额为 45%，小吉姆为 35%，肯为 10%，玛丽为 10%。该团队通过管理 11 亿美元的资产获取 500 万美元的收入，总共拥有 300 个客户。

角色与职责

吉姆 3 年前将管理合伙人的职位交给了小吉姆。小吉姆负责处理大部分团队事务、开展绩效评估并跟踪团队业务结果。他的父亲作为高级合伙人，负责与拥有至少 100 万美元资产以上的老客户打交道。小吉姆继续发展吉姆分配给他的客户关系，并通过参与他的大学董事会和其他非营利性董事会的方式自主发展了数个百万美元客户，在这一过程中他采用了第 10 章"建立市场营销部门"中描述的"合适的地点 – 合适的人"策略。

肯在团队中工作了 30 多年，担任过团队的客户助理，服务多个较小的客户，也服务他自己带来的一些客户。肯被认为是团队中退休计划法规领域的权威，并拥有该领域的业务资源。他还负责团队的抵押贷款以及其他借贷和保险业务。尽管肯创造的业务收入不能达到他所获得的 10% 的股权份额，但基于肯在其专业领域内的资源和他能够帮助团队解决问题的能力，团队向他支付了这笔薪酬。肯能够做到自给自足并且很少占用客户助理的时间。吉姆在考虑肯的长期接班人时，主要寻找可以帮忙做资产管理和客户关系管理的人，而不一定擅长展业。

玛丽于 4 年前通过该团队的长期接班人计划加入团队。吉姆和肯预计将在 10 年内退休，但客户群太大以至于小吉姆无法独立处理。玛丽加入团队时带来了一些客户，吉姆和小吉姆的一些相对较小的客户也分给了她。她还拥有大型团体退休计划方面的专业知识。我问吉姆，为什么团队要让玛丽成为合伙人，他回答说："我们喜欢她，这对团队中的一切至关重要。就像婚姻一样——你最好与对方好好相处并互相信任。这一关系发展得非常好，我相信它只会变得更好。随着我们对她的信心的增长，我们将与她分享越来越多的现有客户。"

团队有 3 名客户助理，每名客户助理负责管理 1 名合伙人的客户。他们负责处理这些客户关系运营和管理的方方面面。在同事离岗的情况下，客户助理会互相帮忙。1 名客户助理负责开设新账户——无论是全新的客户，还是现有客户开设另一个账户，或是家庭成员开设一个较小的账户。团队的 3 个客户助理均已获得注册资格。

问责与绩效

小吉姆每年对所有团队成员开展 2 次绩效评估。评估内容包括合伙人的股权分配比例和非合伙人成员的履职情况。这些评估不局限于工作绩效，还是一场坦诚的对话，可以进一步明确优势和未来发展方向，同时包括态度、职业道德和团队合作精神：他们的工作是否有戏剧性的故事？是否有不足之处？他们是否愿意承担更多的责任？

薪酬

客户助理从公司那里获得基本工资并由团队提供奖金。吉姆表示："与我们市场上的大多数职能型人员相比,我们向客户助理支付的费用要高得多。"依吉姆所言,他们从未削减过员工的薪水,即使在团队业务不佳、他们无法给自己加薪的情况下。在正常的年份里,团队向客户助理支付的奖金与他们在较高水平表现的情况下获得的薪水相当。例如,如果基本工资为 50 000 美元,他们将从团队获得额外的 50 000 美元奖金。奖金基于绩效评估,同时涉及一些主观性指标。每个合伙人都根据其股权比例来分红。

沟通

团队沟通主要靠每天早上的晨会。晨会是早晨的第一件工作,每个团队成员都会带来需要讨论的事项清单,通常,这些是管理或服务相关的事项。他们还会快速浏览即将开展的客户检视以及这些会议所需的内容。每日晨会需要花费 15 分钟。

吉姆解释说,早上通常比下午忙,因此客户助理还会在午饭后与他们指定的合伙人会面,并审查晨会集中讨论的所有事项。

肯:基于流程的业务实践

团队架构

肯经营着一支垂直型团队,他的股权比例为 86%,初级合伙人迈克持有 14% 的股权。麦克比肯年轻得多,并且是肯长期接班人计划的重要组成部分。团队的收入为 300 万美元,管理着 3.3 亿美元的资产。肯的团队拥有 300 个核心客户,其中 75% 由肯管理,25% 由迈克管理。

团队有 2 名高级客户助理，还有 1 名兼职的初级客户助理。他们中只有 1 名客户助理拥有注册资格。

角色与职责

肯是客户的主要联系人并负责大部分的客户检视。最近，他将更多的责任分配给了迈克，但肯还是团队业务的来源，负责业务发展和市场营销。

迈克负责团队的规划工作、贷款和抵押业务，以及投资组合的日常运行。他还负责与所有供应商打交道。团队借助全权委托平台管理了 18 个投资组合，这些投资组合的规模和风险不尽相同。肯提及他们为每个客户都提供了一些特定服务。迈克负责管理这些全权委托的投资组合，肯和迈克定期举行投资会议，讨论投资组合和资产配置的调整。当他和肯决定做出调整时，他得负责执行这些调整。迈克很少参与业务拓展工作。

肯坚信他的两位高级客户助理为客户提供了出色的服务，对获得大量推荐客户贡献很大。最高级别的客户助理会为团队完成所有的订单输入、提交年金订单、执行团队的年金资产分配和处理所有的新账户设立等工作。另一名高级客户助理将为这些工作提供幕后支持。此外，这名高级助理尽管不负责订单输入，但承担划转资金、每日记账以及执行其他管理和操作任务。两名高级助理根据实际工作需要划分行政职责，以便在某个人生病或休假时可以互相帮忙。

团队有 1 名兼职成员，每周工作约 10 个小时。她负责发送感恩节、假期和生日贺卡，以及在假期向客户赠送礼物。她会处理所有的"复制谈话"的剪切和粘贴工作（团队有一个语音记录系统，可以把语音转换为书面文字），还负责客户信息系统的持续更新。她还会协助支持团队活动的后勤工作，并根据工作需要为其他客户助理提供支持。

展望未来，肯正在考虑让他的儿子加入团队，担任业务拓展的角色。他希望儿子获得 CFP 的资质。他还锁定了一位年轻女士，想雇用她来帮助迈克进行投资组合管理。如果可以获得 CIMA 的资质，这位女士将可以加入团队。肯的目标是招聘更多专业人士和增强团队业务能力。他希望按照公司程序招聘儿子担任新的理财顾问，并把那位年轻女士招为受薪雇员而非股权合伙人。

流程

肯的团队使用"明信片流程"来安排客户检视。客户助理向每个客户发送明信片，上面写着："您的季度检视时间将近，请打电话告诉我们您比较方便的时间，以便我们安排您的检视。"据肯说，大多数人都会打电话给他们。客户助理告诉他们肯或迈克能够参会的日期和时间，就像医生的办公室一样。肯在对大多数客户开展检视时，面对面的交流通常会花费 1 小时，电话交流通常为 30 分钟。

用肯的话来说："想象一下，医生的办公室沿着走廊有 7 个门，医生需要从一个房间转到另一个房间。有人已经测量了患者的体温，填写了病历表并询问了症状。所以，需要检视的事项都提前进行了准备，如果你的团队为你提供了背后的支持，整个检视流程会进行得十分有序。"

肯致力于为客户提供定制化的检视，但同时会控制时间。肯完成客户检视后，会用蓝色墨水写下需要完成的工作。客户助理用黑色墨水回信给他，而所有的修改均以红色显示，使用这种颜色编码系统的好处是不会有任何内容因转述而丢失或遗漏。

薪酬

客户助理获取公司提供的基本工资和绩效奖金，而并不是团队业绩提成。多年来，肯会根据绩效和经验提高薪酬，但从没有减少过薪酬。

肯没有给我提供具体数字，但明确指出，最资深且具有注册资格的客户助理表现忠诚并且业绩出色，所以她的薪水远高于其他客户助理。其他两个客户助理的收入不高，因为他们没有注册资格而且与团队合作的时间还不长。

沟通

团队沟通的主要形式是周度例会。肯认为这些会议是评估团队成员绩效的一种方式，因为团队成员对他们的工作、后续行动、团队合作精神和进取心负责。他还认为，即使团队成员正在休假，一如既往地召开这些会议也很重要。通过这些会议，客户助理可以得到他的指示，并逐步解决相关问题或事项。团队周度例会采用圆桌会议的形式，肯和迈克交流分享他们的工作——每周的工作重点、下期日程以及潜在客户渠道。随后，其他团队成员轮流交流问题、挑战、成功和担忧事项。通常，这些每周的团队会议时间不超过30分钟，并且在周一早上举行。

亨利和汤姆：接班人计划

团队架构

这是一个垂直型团队。起初亨利是业务的创立者，而汤姆是一名受薪雇员。

团队成立于20多年前，当时汤姆是一名新顾问，而亨利在培训中对他进行指导。在汤姆的培训项目结束时，他们的理念契合度很高，因此开始了合作。亨利让汤姆加入团队担任高级投资经理（全薪雇员），然而，随着亨利逐渐步入退休年龄，这种架构正在发生变化，汤姆成为正式股权合伙人，亨利将职务转交给汤姆之后成为高级顾问。

他们已经调整了团队架构，使得他们两人都与客户建立起关系，以确保客户可以便利地与他们中的任何一个交谈。在某些情况下，客户可能偏向他们其中一个，但在大多数情况下他们是可以互为替代的。汤姆承担团队的更多分析工作，管理团队的投资组合。亨利是大多数客户的客户经理，并负责业务发展。他们有一位高级客户助理已经与他们合作了10多年，用亨利的话来说："她真令人难以置信，不仅受到我们客户的尊敬，而且是一名真正的团队合作者。"

该团队目前服务85个核心客户，管理着2.75亿美元的资产，创造200万美元的收入。

接班人计划

考虑到亨利会退出业务，因此客户检视由两人一起开展。根据汤姆的说法："我们尝试为亨利主要服务的客户做的事是让我进入会议室并与他们建立更深的融洽关系，以确保交接顺利进行。"

从汤姆的角度来看，接班人计划一开始就是他加入亨利团队的原因之一。在过去的20年中，他在亨利的指导下建立了客户关系，对资本市场有了深入的了解，并制定了世界一流的财富管理流程。他对此很感恩，尽管他可能会以合伙人的身份赚到更多钱，但他的长期回报是能够接管业务。汤姆对自己的时间投入感到很满意。

薪酬

当所有业务都通过亨利开展时，汤姆只获得基本工资和团队总收入10%的奖金。以200万美元的业务为例，汤姆的薪酬约为25万美元。团队向高级客户助理支付团队2%的业务收入，即大约40 000美元的补充薪酬。

约翰：规模化运作的大师

团队架构

约翰的团队在业内最大的金融服务公司中排名前三。约翰管理着一支垂直型团队，并且是唯一的股权合伙人。约翰有1名初级合伙人哈里，他与约翰互为替代。约翰负责一半的客户（最富裕的客户），哈利负责另一半。团队有 1 名投资策略师，同时他还担任多个客户的客户经理。该团队有 1 名负责投资组合管理的分析师和 1 名为他提供支持的初级分析师。他们有 5 名客户经理负责为指定的客户提供服务，同时有 2 名支持他们的初级客户助理。此外，他们还有 1 个全职的团队主管，他是约翰的办公室主任，负责团队运作的日常监督。

约翰很重视团队成员的忠诚度和任期，他的办公室主任已经和他在一起工作了 27 年。

流程

团队对他们为谁服务以及如何服务有明确的定义，用约翰的话说就是："我们卖巧克力蛋糕，我们卖的只有巧克力蛋糕，但是我们卖的巧克力蛋糕非常好。"约翰给我的感觉就是提供精简的服务，找到类似的客户，这使他们的业务非常容易扩展与运营。

团队对于增加客户把控得很严格。约翰提到了以前他有 600 位客户，为他们提供了 50 种不同的策略和投资组合。他发现这种模式限制了其团队的业务增长潜力。自此以后，他就想办法促使团队业务模式变得更具可扩展性，从而成就了团队现有的业务规模水平。

约翰认为，制订数量有限但可复制、对目标市场具有吸引力的方案是十分重要的。他还提供了一个示例，说明团队如何通过其投资流程扩展业务规模。他们运行着两种增加收入的长期增长模型。每个客户都是这两种模型在一定程度上的组合，而客户经理的工作是明确每个客户的模型是什么和确保客户适用这些模型。当有新资金进出时，他们会适当调整以保证模型持续运行。这种做法促进了客户长期现金流的增长，这与他们的客户群体需求形成共鸣，这些客户通常是出售了其业务的第一代财富创造者。

团队有一个投资委员会，每季度召开一次会议，目的是确保他们的投资模型正确无误，同时评估当前的市场状况、私募股权机会以及他们想要传达给客户的信息。

角色与职责

约翰将自己的职责描述为：30%的时间用于与团队的最佳客户联系，70%的时间用于业务发展。他负责团队最大的100位客户中的50位，而哈利负责剩下的50位。他与哈利一起承担更多与客户联系的职责，因此客户将他视为主要的客户经理。在对分配给哈利的客户进行检视期间，约翰仍会顺便参与并定期与客户交谈，但很明显哈利是他们的主要联系人。

除了客户检视外，客户经理各自处理所负责的客户的各个方面。他们处理客户的所有服务需求，包括准备客户检视、日常联系，并尽可能使客户感到特别。客户经理还与分配给他们的客户的注册会计师和律师合作。他们按照团队投资委员会的指示重新分配任务。

约翰提供了一个他最近检视客户的案例。客户经理为客户检视做准备，约翰打电话给客户（在外地），客户检视花了21分钟。他一年为该客户提供4次检视服务。客户经理每月会在非客户检视期间联系该客户提供服务。该客户每年带来200 000美元的业务，因此约翰每年只需花费80分钟的时间便可赚取90 000美元的收入，相当于约翰工作收入的量级大致是每小时7万美元[①]。

2个初级客户助理可以帮助客户经理处理管理或操作层面的工作。约翰承认团队人员过多，但他的看法是宁可多拥有一个员工以确保卓越的服务，也不愿意因为减少一个员工而导致团队服务能力的降低。

分析师的工作是评估和筛选投资机会并管理投资模型。他会评估可用的私募股权产品，用团队的标准筛选有吸引力的产品。

---

① 计算方式可参考第6章。——译者注

约翰对未来的愿景是建立一种"小组体系"。体系建立在5个人的基础上，包含3名高级客户经理和2名初级客户助理。每个小组将负责服务65~75位超高净值客户。由于团队每年会增加10位新的超高净值客户，因此约翰设想在3年内打造3个小组。

问责与绩效

约翰采用一个问责流程对客户经理和客户助理进行1~5分的打分，并且让他们的薪酬与该评分挂钩，基于其他团队成员和客户的观察与反馈对他们进行评级。当我问约翰如何确定每个等级的标准时，他告诉我以下内容："1分是给在工作场所露面、完成必要工作然后离开的员工，3分是给在工作中表现出色的员工，5分是给承担额外工作的员工——完成110%工作。"

约翰每年对每名员工开展2次评估，他认为目前每个团队成员都是4分或5分。

薪酬

约翰依据客户经理和客户助理的经验及团队表现给他们支付基本工资和年度加薪。他通常每年给他们2%~3%的加薪，并根据团队的表现提供额外的奖金。这些奖金通常是团队业务增量的1/3。例如，如果团队在给定年份的增长率为10%，则"5分"员工将获得业务增量的3%的奖金；如果业务增长了150万美元，那么他们的个人奖金将是45 000美元；如果他们的评级为4分，那将是2%的奖金。但是，如果业务减少，他永远不会减薪，受薪雇员只是无法获得补充奖金。

约翰的高级客户经理年薪约为100 000美元，外加每年2 000美元作为团队工作的补贴。初级经理的收入为45 000~50 000美元，并且在前两年每年自动递增15%，以确保如果他们的业务做得很好的话，到第三年年底他们的收入达到60 000~65 000美元。约翰承诺将其薪酬的 15%~20% 拿出来用于发放团队薪酬。今年[①]的比例是 19.2%。

领导力

尽管约翰已将大部分的客户经理和客户助理日常管理事务委托给办公室主任，他仍将自己视为团队的领导者。他认为，最重要的领导角色是为团队的持续发展提供愿景。他还相信，他的职责是聘请合适的人加入团队并激发他们的才能。约翰举例说明了他的领导才能："我制定了一项政策，如果每个团队成员愿意在午餐时间工作，他们都将获得免费午餐。另一项团队政策是，每当我们考虑招募新成员时，每个成员都会投票。任何人都可以对某名候选人进行猛烈抨击——招募新员工需要 100% 的投票。"

尼尔森：客户经理的角色

团队架构

尼尔森与另外两个合伙人一起经营一支垂直型团队。尼尔森获得 80% 的业务分成，而其他合伙人根据他们的贡献分别获得 10% 的旧业务分成。除了旧业务之外，团队还为其他合伙人带来的新业务建立了一个统一的资金池，70% 分配给其他合伙人，30% 分配给尼尔森。尼尔森的 30% 用来支付他开发的投资方案和提供的管理支持，包括 1 名客户经理为小客户提供服务。

尼尔森将他的团队视作一个加盟机会，并鼓励其他理财顾问按照 70/30 分红比例加入。除了 3 个核心合伙人之外，团队还增加了 5 个其他适合加盟模式的合伙人。这 5 个加盟合伙人以 85/15 的分红比例加入团队（加盟者占 85%，团队占 15%），然后以 70/30 的比例分享

[①] 指采访当年。——编者注

新业务（加盟者占 70%，团队占 30%）。

加盟团队的一大好处是拥有一个良好构建的投资模型，其中包括 4 种由不同风险调整矩阵管理的自主投资策略。团队还设计了世界一流的转介绍材料，在传达团队价值方面非常有效。加盟团队的成员受益于成为拥有 16 亿美元资产的团队的一员，该团队被《巴伦周刊》和《财富》杂志评为顶级理财顾问团队之一。他们还可以使用团队的客户经理，借助高质量的服务模式来帮助客户。这些加盟合伙人可以专注于引进新的客户和资产，而其他的事宜已被妥善处理。

团队有 4 名客户经理、5 名行政助理和 2 名财富管理策略师，还有一名行政经理兼任团队的运营经理，负责跟踪费用、团队组织和客户活动。

尼尔森的核心团队管理着 8.4 亿美元的资产，获取了 730 万美元的收入和 800 个客户。扩展后的团队，包括加盟团队合伙人在内，将通过管理 16 亿美元的资产获取 1 500 万美元的收入。

问责与绩效

尼尔森是团队的总经理。他管理所有员工和开展员工评估。他会见每个团队成员并对所有客户助理和财富管理助理进行绩效评估。在准备评估时，从他们协助的合伙人以及与他们合作的其他团队成员那里获得反馈。每次评估持续 30 分钟，除了评估绩效外，他还会提出以下问题：

- 你对你的工作满意吗？
- 你是否有不愿意做的事情？
- 你是否想做更多的事情？
- 我能为你的工作提供哪些帮助，从而使你变得更有效率？
- 你是否愿意与我分享你认为我需要知道的东西？

尼尔森还对团队的客户经理开展季度评估。他关注他们的活跃度，特别是与指定客户联系的频率。他查看他们的销售人员数据、电子邮件和电话记录，以确定他们正在建立多少联系。平均而言，每个客户经理每季度开展500次联系。尼尔森可以快速看出一个人的表现是否超出平均水平。

角色与职责

团队有4个职位：理财顾问（合伙人）、客户经理、财富管理策略师和行政助理。以下是对每个职位的说明。

- **客户经理**。这是一类非产出团队成员，工资和奖金仅占团队收入的一小部分。他们的工作是每月打电话给客户并维持关系。在每月的联系中，他们审查客户的资产配置以及客户最近12个月的账户表现，并分享团队当前对市场的看法，在合适的情况下建立个人联系。客户经理参加每次面对面的会议，并参加所负责的客户的每次研讨会或午餐会。尼尔森说："客户经理一直为其所负责的客户服务。就像牙医的牙齿清洁师，或是医生的护士——他们总是在这里。"

  负责这些客户的理财顾问会在需要时提出建议，并提供指导客户达成投资目标的各种必要技能。每个客户经理的目标是覆盖150位客户，但其实可以扩展到175位，在某些情况下可以扩展到190位。

  理财顾问每年至少会与他们指派给客户经理的客户见一次面。这些年度客户检视通常需要1小时，而每个理财顾问将覆盖大约150位客户。理财顾问每月专门预留2~3天的时间开展这些客户检视，一天最多可以开展6次客户检视。财富管理策略师会预先准备所有的客户检视工作。按照流程，每月由客户经理联系客户（最小的客户除外，他们通常为每季度联系一次），每年根据需要由理财顾问联系。

尼尔森有十几位客户资产超过 1 000 万美元，他作为客户经理亲自开展所有的联系工作。尼尔森的客户经理服务的客户平均拥有 500 万美元的资产。团队并没有硬性规定，但是大多数客户的投资资产都超过 100 万美元。客户经理拥有广泛的从业经验：他们曾是律师事务所的招聘专员、公关公司的员工以及私立学校的业务发展主任。

- **财富管理策略师**。这是一类非产出团队成员。他们的工作是与客户经理和理财顾问合作打造客户检视工具包，查看财务规划，准备蒙特卡洛模拟工具，以预测未来的收入流情况与投资组合风险，以及与客户相关的其他目标。他们还为潜在客户准备转介绍材料并安排会议。他们在后台工作，确保客户会议和所有演示材料可供客户经理和理财顾问使用。
- **行政助理**。这项工作的重点是"敏感的资金事项"，包括划转资金和开设新账户。该职位处理所有的文书工作，从而支持账户系统的构建。行政助理经常与其指定的客户交谈。每个客户都知道被指派为其服务的行政助理是谁，并且在操作遇到任何问题时可以向他打电话咨询。

该团队在由行政助理、客户经理和财富管理专家组成的小组体系中运作。每个小组体系协助 4 个理财顾问，同时有 2 个小组体系为团队提供支持。小组体系之间彼此交流沟通，在需要时可以相互支撑。

薪酬

尼尔森承诺向非产出团队成员支付团队薪酬的 15%。非产出团队成员将根据总产出的百分比获得奖金,根据年度业务量按月支付。团队向入门级行政助理或财富管理专家支付 35 000~50 000 美元。两年后,一旦他们获得注册资格,他们的收入将上升到 50 000~75 000 美元。5 年后,如果他们有注册资格并做得出色,可以赚到 100 000 美元。

财富管理专家的平均薪酬范围为 45 000~50 000 美元。一般客户经理的起薪为每年 70 000~75 000 美元,因背景经历而有所差异。5 年后,他们赚到 100 000 美元,并通过少量加薪赚至 110 000 美元上限的情况并不少见。如果客户经理想赚取超过上限的收入,他们必须成为理财顾问,这要求他们能够为团队增加百万美元以上的客户。根据尼尔森的说法:"我一直思考薪酬方式——如果你的薪水比平均水平高一点,且你得到的人才比平均水平好一点,那么他们的工作质量就会大大高于平均水平。因此,只需多一点,你将获得更高的效率。"

沟通

团队每月举行 4 次会议。团队每周一早上 8:45 开会。会议是强制性的,持续 40 分钟。团队有一个议程并且每个团队成员都需准备一个指定的议程项目。尼尔森的目标是在会议期间尽可能吸引更多的人发言。一名团队成员会审查 90 天的日程,其中包括休假、团队活动和假期;一名团队成员将介绍经济信息、策略动态和公司所做的调整;一名团队成员可能会报告债券市场和国际市场的最新动态;一名团队成员将审查新业务、新客户和提供业务动态;一名团队成员将重点介绍本月在收费账户之外即将采用的投资想法或主题;一名团队成员将报告所有到期的债券、可用的增量现金或大量的现金余额;还有一名团队成员负责提供抵押贷款利率和借款利率的最新信息。尼尔森则总结会议的要点和主题。

尼尔森致力于将会议控制在 40 分钟之内并负责确保会议按时进行。如果有人偏离正轨或者长篇大论,尼尔森会打断他们,以一种较好的方式让他们重新回到话题上。尼尔森认为："经过几个月的努力，每个人都明白了，当会议开始时所有人都知道这是公事。"

团队还每月举行一次仅针对合伙人的理财顾问会议，这次会议的重点是决定他们将要开展的项目。由于他们希望客户经理传达单一的信息，团队需要统一口径。这一理财顾问会议旨在制定统一的策略和信息，以便团队其他成员了解该策略并获知统一的讨论要点。此外，尼尔森还与合伙人分享团队情况和其他相关动态。

尼尔森每月举行一次客户经理会议，从而使他能够从他们那里得到有关客户情况的反馈。他还检查他们与行政人员和合伙人之间的互动，以及他们当月要宣传的内容。

尼尔森每月还举行一次部门主管会议，其中包括 1 名合伙人、1 名客户经理和 1 名行政助理。在该会议上，他们讨论关于团队沟通和工作流程的事项、保持团队效率以及如何更好地管理等问题。这些会议通常需要 40 分钟。

招聘

尼尔森有招聘新团队成员的全权责任，而且他经常要面试多达 10 个应聘者。在招聘过程中，他还会要求多个团队成员参与，只有一致同意才会录取。尼尔森认为，招聘质量对于团队的高效运转至关重要，他想雇用有野心的领导者。以下是他用于招聘的渠道：

- **团队成员**。你是否认识想换工作的人，或者你有适合这个团队的家庭成员吗？
- **办公室**。尼尔森通知所在的办公室团队有岗位空缺。
- **广告**。尼尔森在当地报纸和网上刊登广告，发布岗位需求和工作职责，寻找潜在的团队成员。

愿景

尼尔森每年都会施行他所说的"创造性破坏的流程——将实践分解并重新组合以实现持续改造"。他认为这一流程是持续的轨道修正。以下是尼尔森每年的创造性破坏流程中关注的要点：

- 内外部环境发生了怎样的变化？
- 行业与过去有什么不同？
- 哪些业务领域和模式是全新的？
- 我们现在所做的仍然合适吗？
- 我们需要改变什么？
- 我们将有何不同之处？

保罗：律师事务所模式

团队架构

保罗认为，律师事务所的架构非常适合金融服务业，因此他采用这一架构来管理团队。团队由高级合伙人、初级合伙人、客户经理和客户助理组成。

该团队采取水平型模式，由保罗和杰瑞2名高级合伙人组成，他们是"榜上有名"的合伙人。保罗获得75%的股权，杰瑞获得25%。团队有5名客户经理（这与尼尔森的客户经理职位不同），他们在团队中的角色不同，主要负责规划、投资管理和业务发展。目前，团队没有任何初级合伙人，即"榜上无名"的理财顾问。要从初级合伙人转变为高级合伙人，你必须带来100万美元或更多的业务。要成为初级合伙人，你必须在相同经验的顾问中处于前40%的水准。通常，初级合伙人的业务收入为 400 000~1 000 000 美元。有 3 名客户助理负责客户服务。

团队的业务收入为 450 万美元，同时管理着 6.2 亿美元的资产。团队覆盖了 170 个拥有超过 100 万美元资产的家庭和总计 700 个客户。自保罗于 2002 年加入团队以来，该团队的收入从 65 万美元增至 450 万美元。

角色与职责

保罗发现办公室里的很多理财顾问并不擅长理财顾问工作，但很有才华，并且擅长投资管理、规划和业务发展等其他工作。于是保罗与这些人接触，为他们提供作为客户经理的带薪工作机会，以充分发挥他们的专长。他为这些员工提供了成为初级合伙人的机会，前提是他们的薪水和奖金达到 15 万美元（意味着能带来 40 万美元的业务收入）。

作为一名高级合伙人，保罗为多数超过 100 万美元资产的客户和所有超过 1 000 万美元资产的客户服务。杰瑞也是高级合伙人，为一些百万美元资产以上的客户和一些资产规模较小但潜力很大的客户服务。保罗和杰瑞共同制定团队的战略，处理人力资源问题，为团队最大的客户服务并制定投资策略和政策。保罗认为，要成为一名成功的高级合伙人，你必须具有 4 项能力：对投资的理解力、财务规划能力、展业能力以及与客户和潜在客户建立牢固关系的能力。

团队中有 1 名分析师，他在合伙人的指导下执行投资策略。

客户经理负责协助高级合伙人维护客户关系。他们创建并执行财务规划，遵循投资委员会的 3 个投资组合模型，选择适当的投资组合与客户匹配。投资委员会由 2 名高级合伙人和团队的分析师组成。

"业务拓展客户经理"专注于引进新客户和资产。他具有良好的影响力、出色的人际交往能力，同时是一名优秀的高尔夫球手。他在向团队介绍富裕潜在客户方面取得了成功。如果潜在客户的资产超过 100 万美元，他通常会把这些新的关系推荐给杰瑞，因为保罗的工作量已经满负荷了。如果潜在客户的资产少于 100 万美元，他会将他们推荐给另一名客户经理。他将一直与新客户和所属的客户经理保持沟通，直到客户感到满意为止。他将大部分时间都花在办公室会议和招待潜在客户上。

薪酬

团队为所有人提供了一个资金池，每个团队成员都从该池中获得一定比例作为其大部分薪酬。保罗解释了建立统一资金池的理由："在我们的团队中，我们有一个统一的资金池，从而使每个人都关注伙伴的成功。如果你的伙伴表现较好，则意味着你会更好——因为团队中的每个人都在同一个资金池中获得报酬。"

客户经理通常赚取 100 000～120 000 美元，其中 80% 的报酬取决于团队的业务情况。客户经理也有机会获得奖金，通常为 12 000 美元。奖金不容易实现而且完全基于客观标准。例如，对于业务发展客户经理：只要获得至少 500 万美元的资产，后续每带来百万美元的新资产就可以获得 10 个基点（千分之一）的分成。

保罗的逻辑是让有才能的人担任他们擅长的角色，然后激励他们去追求卓越。如果客户经理实现 15 万美元的薪酬，将成为初级合伙人，其全部薪酬均基于股权分配。需要澄清的是，15 万美元的薪酬意味着产生 40 万美元的收入，这是该团队目前 400 万美元收入的 10%。新的初级合伙人将永远维持 10% 的权益分配，如果新初级合伙人在引进新资产方面做得非常出色，则后续可以重新协商分配比例。

保罗和杰瑞之间有一个浮动的分配比例。他们将业务收入拆分为 75/25，但将增长部分拆分为 50/50。例如，如果团队每年增长 20%，从 400 万美元收入增长到 480 万美元收入，那么保罗和杰瑞将按 75/25 的比例在之前的 400 万美元和 50/50 的比例在新增的 80 万美元间进行分成，这会使他们的分配比例变动为 73/27。

客户经理的基础年薪较低，约为 25 000 美元，加上团队总收入的 1.7%（75 000 美元，基于 450 万美元），再加上基于实现特定目标所获得的 12 000 美元奖金，总薪酬为 100 000 ~ 120 000 美元。

以下是按角色划分的团队奖金示例：

- 团队每增加一个客户推荐，客户助理都会获得 500 美元。保罗相信卓越的服务会带动推荐，这是团队可以激励客户助理提升服务水平的一种方式。
- 非业务拓展客户经理将根据服务客户的范围获得奖金，他们为团队客户提供规划。公司可以衡量该指标。
- 只要达到 500 万美元的门槛，业务发展客户经理将从每 100 万美元的资产中获得 10 个基点的分成。

问责与绩效

保罗和杰瑞在每年年底评估团队成员并分配薪酬。每个团队成员会被询问过去一年中他们表现得最好的地方、可以改进的领域以及明年他们想做的事情。

流程

保罗认为大多数理财顾问都无法将工作做到有效分配。他认为，必须创建流程来完成工作，而理财顾问需要监督流程，但无须参与流程的每个细节。

保罗分享了他对团队流程的看法："我讨厌一次性完成任务而不

围绕它创建流程。"团队拥有一个单独的增长模型、一个单独的收入模型和一个现金模型构成基本的投资方案。

沟通

团队每周举行 3 次会议。

- **客户经理与合伙人会议**。除 3 名客户助理外,其他所有人均需出席,会议每周二举行。会议会审查过去的会议记录以确保一切工作均已执行,还会讨论市场动态或投资组合模型的变化。
- **客户助理会议**。周三的会议有 3 名客户助理参加,其目的是让客户助理维持在同一轨道上并讨论与其角色相关的话题。会议会分享客户经理与合伙人的会议记录,因此客户助理可以协调指定的任务和已经完成的工作,也能够在遇到问题和挑战时互相帮助。他们协调任务清单,并提出有关如何简化管理流程和改善团队成员之间沟通的想法,还会寻找改善整体服务体验的方法。
- **团队会议**。周四的会议包括所有团队成员,每个团队成员都将参与制定议程。通过会议,可以集中处理来自客户助理、客户经理和合伙人会议的所有事项。该会议是一周内唯一一次整个团队在一起召开的会议。团队还会审查下周的日程,业务拓展客户经理向团队告知他活动的最新情况并审查潜在客户渠道。团队围绕客户开展讨论,并审查他们生活中发生的事件,从而使得团队中的每个人都对团队的最佳客户有更加深入的了解。

通常情况下,这 3 个会议每个大概 1 小时,因此每个团队成员必须每周花不少于 2 小时参加会议。以下是一个典型的周四团队会议的议程:

- 每周客户检视概述（按客户名称和日期）。
- 百万美元资产以上的新增客户情况概述。
- 业务发展目标、结果和说明。
- 客户重新分配。
- 随机友善服务。
- 即将开展的客户活动。
- 需要了解的客户的孩子。
- 团队管理问题。
- 贷款利率。
- 税收、财务规划和最新投资情况。
- 忘记的人和事有哪些。
- 谁更新了此议程——请注意：所有团队成员都在同事的压力下为该议程做出贡献。

附录 A　团队最佳实践检验清单

如果你已经拥有一个团队，那么你可以检查自己的团队的运作水平。你的团队在应用最佳实践上是处于低水平、中等水平还是高水平？如果你还没有践行这些原则，那么你的团队就处于一个较低的水平；如果你正在践行这些原则，请给自己打一个中等分；如果你将所有的原则都纳入现有的业务中，请给自己一个高分。

职业价值观

- 潜在的团队合伙人是否具有共同的价值观和目标？
- 潜在的团队成员是否具有相似的职业道德？
- 潜在的团队成员是否欣赏并信任彼此？
- 潜在的团队成员是否致力于对业务进行再投资？
- 潜在的团队成员是否在商定的财富管理流程上保持一致？

团队结构与组建

- 确定最合适的团队结构：垂直型、水平型、全能型、联盟型。
- 团队成员根据商定的财富管理流程进行调整。
- 建立正式的、带有解散方案的合伙协议。
- 实施合伙协议和解散方法的年度审核。
- 安排电话联系的客户名单，并统一接听电话的口径。
- 设置办公时间。

- 规范着装要求。
- 确定办公地点、办公室配置和办公室外观。
- 给客户发送公告,介绍每个团队成员及其角色和职责。

团队愿景

- 制定长期的团队愿景。
- 制定实现愿景的3~5年的业务规划。
- 制定业务规划实施细则,确定其优先级,并分配相关职责。
- 每月评估和讨论业务规划的实施情况。
- 制订正式的接班人计划。
- 确保所有团队成员都知道接班人计划。

角色和职责

- 明确每个合伙人加入团队所具备的技能,以及这些技能是否在不断提升。
- 制作理想的团队组织架构。
- 给每个团队成员分配3~5个可以掌控的高优先级目标及活动。
- 建立小组,使理财顾问可以专注于时薪500美元的工作。
- 明确定义角色和职责。
- 组织团队并分配角色和职责。
- 如果每个理财顾问需要负责50位以上的核心客户,可以考虑增加客户经理的职位。
- 为每名团队成员提供书面的职责说明和目标。
- 安排管理者的角色以评估绩效。

绩效

- 制定半年度的绩效评估模板。
- 对每个团队成员进行半年度的绩效评估。
- 关键的薪酬目标宜少不宜多（4~5个）。
- 为每个团队成员设置高优先级的目标，区分业绩水平不可接受、可接受及优秀之间的差异。
- 记录每个岗位的职责，并明确如何对工作表现和结果进行绩效评估（如果适用）。

团队沟通

- 每周召开一次团队会议。
- 举行半年一次的外部战略会议。
- 每日召开晨会。
- 制作每周及半年度会议的议程模板。
- 撰写每周会议的会议纪要，并将其分发给其他团队成员。

薪酬

- 薪酬安排应重点关注工作表现与可控的结果，以每项考核指标的评分为基础。
- 重赏忠诚、表现优异的员工。
- 团队补贴范围通常为理财顾问薪酬的 7.5%~15%。
- 建立完成指标或超额完成指标的团队成员都可以参与的奖金池。
- 制定年度合伙人薪酬审查会议，以调整股权分配、资金池和接班人计划。

- 表彰个别工作出色的团队成员。
- 制定薪酬预算。
- 制定包括业务规划支出在内的团队预算。

招聘

- 审阅团队组织架构，以确定是否有重叠或需要补充的角色。
- 确定增添团队成员所需的预算，并确保所有合伙人都同意该预算。
- 为发掘、招聘和培训新团队成员制定有序的章程。
- 创建为期 90 天的试用期以评估表现和态度。
- 请合伙人列出他们的三大任务（时薪 500 美元的工作）之外的工作，并根据这些工作制定新的岗位职责。

团队服务

- 提供世界一流的服务，并通过价值主张清晰地介绍服务。
- 制定理想的财富管理流程，并让所有的理财顾问都致力于执行该流程。
- 确定如何实施投资组合模型、资产配置和再平衡方案，监控并调整。
- 建立投资委员会。
- 明确团队的理想客户。

市场营销

- 让所有团队成员都具备军事化思维。
- 每天至少花一个小时实施 7 个获客策略。

- 召开团队营销会议。
- 实施一致、积极的客户转介绍策略。
- 建立专业的转介绍关系网。
- 实施"10×10"规则的事件营销策略。
- 实施"合适的地点－合适的人"策略。
- 重点关注细分领域市场并制定细分领域的市场规划。
- 实施四要素资产获取策略。
- 为 50 名合格的候选人建立团队的潜在客户渠道,并按照方案管理渠道。

流程

- 制定理想的新的团队流程。
- 评估现有的流程与理财顾问业务。
- 对所有团队流程进行阶段性的审查与评估,如有必要及时完善。
- 让每个团队成员都承担起优化与更新流程的任务,并为该任务制定时间表。

领导力

- 选择团队领导。
- 分配团队领导的职责。
- 将 7 项领导力原则应用到团队中。
- 确定团队领导的薪酬安排。

附录 B 流程差距分析表

市场营销部门	当前评级	目标评级	负责人	完成日期
流程：				
客户转介绍				
专业转介绍关系网				
事件营销				
合适的地点-合适的人				
外部资产				
潜在客户渠道				
转介绍材料				
潜在客户转介绍				
价值主张				
营销会议				
细分市场营销				

服务部门	当前评级	目标评级	负责人	完成日期
流程：				
客户联系				
存档				
个人的重要时刻				

续表

服务部门	当前评级	目标评级	负责人	完成日期
客户引导				
客户档案				
来电回应				
解决问题				
主动服务电话				
客户细分				

财富管理/产品部门	当前评级	目标评级	负责人	完成日期
流程：				
基于目标的投资				
扩大资产份额				
客户尽调				
客户检视				
投资纪律				

人力资源部门	当前评级	目标评级	负责人	完成日期
流程：				
团队会议				
薪酬				
书面岗位职责				
招聘				
绩效评估				

后记

从我 1980 年担任美林证券理财顾问起，财富管理业务就以许多积极的方式在不断发展进化。回顾过去的 38 年，我认为最重要、最积极的变化之一就是理财顾问从独立从业者发展成为理财顾问团队。

我希望在阅读本书和实施团队最佳实践后，你将领导你的团队成为高绩效团队，并从中获得丰厚的回报。

致谢

我要感谢高度学习公司团队的成员,他们在编写本书时提供了专业的知识、经验和支持,感谢卡尔·迈耶、弗兰克·拜尔、彼得·迪森索、阿兰·先以及博比·塞里奥特。我要特别感谢我在公司的合伙人吉姆·杜兰提为本书做出的贡献,特别感谢他为"产品:世界一流的服务"这一章的付出。

感谢我采访过的优秀团队的合伙人。这些顶尖的顾问慷慨地付出了他们宝贵的时间,分享了他们出色的团队最佳实践,让本书的读者可以从他们的知识和经验中获益。

我还要感谢理查德·奥兰多博士和蒂姆·麦克马纳斯提供的宝贵见解,这些见解极大地帮助了我完成了"团队领导力"这一章的创作。

最后,我还要感谢出版团队,首先要感谢我的经纪人威利·凯勒和哈珀柯林斯出版公司对本书的信任。我还要感谢我的编辑帕姆·利夫伦德,他的专业知识让我在这项工作中受益匪浅。